W0397702

CRISTINA BARAHONA
@PSICOIMAYENDA

Por todas las veces que me llamaron LOCA

Conoce tus heridas
y aprende a cuidarlas

kitaeru

Primera edición, septiembre 2025

Diseño de cubierta:
Toni Cabré

Maquetación:
Patricia Bataller Sánchez

Reservados todos los derechos. El contenido de esta obra está protegido por la Ley, que establece penas de prisión y/o multas, además de las correspondientes indemnizaciones por daños y perjuicios, para quienes reprodujeren, plagiaren, distribuyeren o comunicaren públicamente, en todo o en parte, una obra literaria, artística o científica, o su transformación, interpretación o ejecución artística en cualquier tipo de soporte o comunicada a través de cualquier medio, sin la preceptiva autorización.

© Copyright de los textos: Cristina Barahona *@psicoimayenda*

© KITAERU LIBROS (G. A.), 2025
Valentín Beato, 21. 28037 Madrid
info@kitaerulibros.com
kitaerulibros.es
Depósito legal: M.2 568-2025
ISBN: 978-84-10428-20-1
Impreso en España

PAPEL DE FIBRA
CERTIFICADA

ÍNDICE

PRÓLOGO

Mis Hartitas ya lo saben porque soy muy pesada con esto, pero me encanta la poesía. Y Laura Casielles, una de mis poetas favoritas, escribió:

Encontrar las palabras
elementales. Aprender
cómo decir perdón en el idioma
del que irrumpe,
y buenos días, y toma,
y he venido a conocerte,
aprender
cómo decir gracias en el idioma
de los que también rasgan
y también
se desgarran…

Encontrar las palabras elementales.
Y luego hablar.

Estos fragmentos de su poema «Primera conjugación» resuenan profundamente en mí mientras pienso en las personas que acompaño y también las que me acompañan a mí en mi día a día. Pienso en mi historia, en las vuestras y lo diferentes que somos todas y lo iguales al mismo tiempo.

Me hacen pensar en lo complejo y necesario que es encontrar las palabras correctas, esas palabras elementales para hablar sobre lo que hemos vivido, para reconstruirnos desde los escombros, para sanar lo que fue rasgado, para llamar a la puerta y decir: «Hola, he venido a conocerte».

Porque antes de hablar, necesitamos comprender. Y antes de comprender, necesitamos escucharnos, a nosotras mismas y a quienes también se han desgarrado.

Este libro nació de una pregunta que siempre me ha acompañado: ¿Cómo llegamos a llamar locura a lo que en realidad es defensa? Crecí viendo cómo el término «loca» se utilizaba como un arma para deslegitimar, para silenciar y para etiquetar a las mujeres que se atrevían a sentir, a expresar y a romper con las expectativas para encontrar su lugar. Más de una vez, me lo creí. Me creí que lo que sentía era inapropiado, como si una emoción fuese algo que yo decido encender o apagar, que tenía que contenerme, que tenía que encajar. Con los años, aprendí algo que ahora comparto contigo: no estamos locas, estamos en lucha, heridas y, sobre todo, buscando cómo transformar ese dolor en fuerza.

Quiero que en este libro podamos ponerle nombre a lo que hemos vivido para que entendamos cómo nuestras heridas moldean nuestras acciones, y para que descubramos que podemos romper patrones, resignificar palabras y construir relaciones más sanas, empezando por la que tenemos con nosotras mismas.

No soy poeta como Laura Casielles, pero espero que las palabras que encuentres aquí sean, al menos, un puente. Un puente entre lo que duele y lo que podemos sanar, entre lo que nos enseñaron a creer y lo que hemos decidido ser. Que estas páginas te ayuden a encontrar tus propias palabras elementales, las que te permitan decir «esto no me define», «esto no me detiene», «esto lo voy a transformar».

ESTE LIBRO NO ES SOLO PARA QUIENES HAN SIDO LLAMADAS LOCAS

Es para todas las personas que alguna vez han dudado de sí mismas, que han sentido que sus emociones eran demasiado, que se han sentido atrapadas entre lo que esperaban de ellas y lo que realmente son o podrían llegar a ser.

Aquí no encontrarás recetas mágicas ni afirmaciones simplistas. Lo que encontrarás es un mapa para explorar, entender y transformar esas partes de nosotras mismas que tantas veces han sido invalidadas, cuestionadas o etiquetadas.

¿QUÉ ENCONTRARÁS EN ESTE LIBRO?

Primero, una invitación a la comprensión. Vamos a hablar de nuestras heridas, pero no lo haremos como algo que nos define, sino como algo que nos afecta y moldea nuestras acciones, pensamientos y relaciones.

A menudo, nos han enseñado a ignorarlas o a pensar que debemos superarlas sin mirar atrás. Este libro parte de la idea de que, para sanar, primero hay que reconocer. ¿Cómo reconocemos algo? Todo empieza validando una emoción, reconocer que está ahí, entender de dónde viene y cómo se refleja en nuestra vida diaria.

Reflexionaremos sobre cómo esas heridas influyen no solo en nuestras relaciones, tanto con nosotras mismas como con los demás, sino en el día a día y en otras esferas de nuestra vida. Exploraremos cómo aprendemos a protegernos y cómo, a veces, esos mecanismos de defensa pueden alejarnos de lo que realmente queremos o de una buena gestión emocional, incluso cuando creemos que hacemos «lo correcto». Veremos cómo las dinámicas tóxicas y los patrones de comportamiento no saludables pueden perpetuarse y, sobre todo, cómo romper con ellos.

¿QUÉ MÁS ENCONTRARÁS?

Encontrarás muchas herramientas, verás que es un libro bastante práctico. Desde aprender a identificar nuestras emociones y nuestras necesidades hasta identificar dinámicas y cómo cortarlas.

Aquí no solo hablaremos de lo que nos duele, sino de cómo empezar a cuidarlo, y a cuidarnos. El autocuidado no es un lujo ni una moda, sino una práctica diaria que nos permite mantenernos alineadas con quienes somos, con lo que realmente queremos y con aquellos a los que queremos.

Exploraremos temas como los límites, la responsabilidad afectiva, las dinámicas de poder en las relaciones y cómo podemos aprender a comunicar lo que sentimos y lo que necesitamos sin miedo ni culpa. También hablaremos de la diferencia entre relaciones sanas y tóxicas, no desde una perspectiva de juicio, sino desde el entendimiento de que todas estamos aprendiendo y creciendo porque a todas las personas, nos acompaña nuestra niña/o interior.

¿CÓMO LO HAREMOS?

Cada capítulo está diseñado para avanzar juntas de forma progresiva. Empezaremos por entender nuestras heridas, cómo se formaron y cómo nos afectan hoy en día. Luego avanzaremos hacia la práctica: cómo identificar los patrones que queremos cambiar, cómo comunicarnos de manera más asertiva, cómo distinguir entre lo que nos hace bien y lo que nos hace daño. También encontrarás ejercicios prácticos para ayudarte a poner en marcha los cambios que deseas, porque este no es un libro solo para leer, es un libro para trabajar, para reflexionar y para actuar.

Por ejemplo, abordaremos preguntas como:

- **¿Cómo saber si estamos reaccionando desde nuestra intuición o desde nuestras heridas?**
- **¿Qué significa realmente poner límites?**
- **¿Cómo podemos dejar de repetir patrones que no nos sirven?**

Y, lo más importante,

- **¿Cómo empezar a priorizarnos sin sentir que estamos traicionando a los demás?**

¿POR QUÉ ES IMPORTANTE?

Porque no estamos solas. Porque, aunque muchas veces nos hayan hecho sentir que lo que vivimos es aislado, que nadie más puede entenderlo, lo cierto es que hay una conexión profunda en nuestras experiencias. Este libro nació de esa conexión, de las historias que he escuchado, de las que he vivido y de las que tú también has vivido, aunque sean diferentes en forma, comparten un fondo común: la búsqueda de sentirnos vistas, valoradas y respetadas.

¿QUÉ QUIERO QUE TE LLEVES?

Quiero que al terminar este libro sientas que no estás sola, que tienes herramientas para seguir adelante y que tienes derecho a ser quien eres, con todo lo que eso implica. Quiero que te lleves la certeza de que no estás rota y que lo que sientes importa.

En definitiva, este libro es una conversación, una invitación y un recordatorio de que, aunque la vida nos haya desgarrado en algún momento, siempre podemos encontrar una manera de tejernos de nuevo, más fuertes, más conscientes y más fieles a nosotras mismas.

A lo largo del libro, encontrarás la palabra Hartita en varias ocasiones. No es casualidad. Hartita es un espacio que cree hace dos años y que he compartido con muchas personas que, como tú y yo, han buscado un lugar donde hablar de sus historias, conectar con otras que las entienden y sentirse sostenidas mientras trabajan en ellas mismas. Es un refugio donde, juntas, exploramos temas que aparecen en este libro: del día a día, del duelo, la búsqueda de pareja, el miedo al rechazo, al abandono, la autoexigencia, la autoestima...

Hartita es más que un espacio, es una comunidad, una familia que cada día crece y que me ha inspirado y dado herramientas para escribir estas páginas con el objetivo de llegar más lejos; llegar a quienes aún no han encontrado su lugar o sus palabras.

Aunque no nos conozcamos todavía, partiendo de la base de que ambas tenemos heridas y, por lo tanto, ya compartimos algo muy importante, sí, le voy a echar morro al asunto y te voy a pedir que nos hagamos una promesa. Mientras estemos juntas, mis palabras en tu mente y tu dolor en la mía, no nos vamos a culpar, mentir, engañar, invalidar o juzgar a nosotras mismas en el proceso. ¿Prometido?

Reparar, significa reconstruir, y a veces, eso implica dejar atrás viejos hábitos o creencias, o incluso una parte de lo que considerábamos identidad, que nos limita y nos hace sentir más pequeñas. Así que vamos a empezar a reparar por lo básico. *Let's go*.

Sellemos el pacto con este EJERCICIO.
La promesa del cuidado.

Escribe una promesa que te harías a ti misma para cuidar tus emociones. Algo que puedas recordarte en los momentos difíciles.

¿Qué tipo de cuidado necesitas darte?

¿Qué compromisos estás dispuesta a asumir contigo misma?

Hazlo real y práctico, algo que puedas leer cuando más lo necesites.

LA PRIMERA VEZ QUE ME LLAMARON «LOCA»

Todas tenemos una primera vez.

La primera vez que fuimos al cole, la primera vez que nos dimos un morreo, la primera vez que lo ensayamos en el espejo y la primera vez que nos llamaron «loca».

¿Recuerdas cómo te sentiste la primera vez que te llamaron loca? Tal vez fue en un momento en el que levantaste la voz para defenderte, cuando lloraste frente a los demás o cuando mostraste una opinión que nadie esperaba de ti. Puede que te lo dijeran en broma, o tal vez fue con dureza. Sea como sea, esa palabra dejó huella, como si hubiese algo inherentemente mal en ti, por expresarte, por mostrarte, por tener emociones.

Yo lo recuerdo muy bien. La primera vez que me llamaron loca, ni siquiera lo hicieron a la cara. Y eso, a día de hoy, no sé si lo prefiero o no, pero, en aquel momento, sí recuerdo pasar de sentirme supersegura, a que todos mis esquemas se derrumbasen de golpe.

Yo quería tanto a esa persona y pensaba que él me quería tanto a mí, que cuando un amigo me enseñó lo que le había escrito de mí, literalmente, sentí como si me clavasen un puñal en el estómago. Pero claro, estas emociones parecen «demasiado» cuando no se observa el contexto.

Ni siquiera intenté buscar una explicación, sentía terror a exponerme a ella, como si pudiese decir algo que me convenciese de que estaba loca. Además, tenía diecisiete años y era mi primer novio; en aquel momento de mi vida, tenía demasiado interiorizada la creencia de que nadie me daría una explicación amable porque lo que yo sintiese no importaba demasiado.

Solo pensar en enfrentarme a eso, me provocaba miedo a joder aún más las cosas y reafirmar esa idea en su mente. Esa niña, como muchísimas otras niñas y niños con circunstancias similares a las que yo atravesaba con mi familia, necesitaba desesperadamente un hogar. Y ya sabes, no hay nada que dé mayor sensación de hogar que el amor. Sobre todo, cuando no lo conoces y de repente se te presenta como una vía de escape, como un refugio, un lugar al que pertenecer.

Cuando en lugar de golpes, recibes caricias, cuando en lugar de ver tu cuerpo como algo que puede hacer cosas por los demás o algo que no debe molestar, o algo donde alguien puede descargar su ira, empiezas a verlo como algo que realmente está ahí, que te puede hacer sentir cosas bonitas e inspirar deseo, ternura o admiración hacia otros.

Cuando empiezas a ver que la vida puede ser diferente, te aferras a esa posibilidad, aunque la apariencia durase poco, porque el potencial puede ser infinito. *Necesitas* que lo sea.

Potencialmente, si me había visto así, si me quiso de esa manera, podía volver a hacerlo, aunque en ese momento él pensara que estaba loca y no me protegiese de que los demás también. Cuando hay tanto anhelo de pertenencia, eres capaz de justificar cualquier cosa. Esa pertenencia es la necesidad de experimentar la sensación de estar donde debes estar, un lugar donde no sentir miedo, ni rechazo, ni abandono.

En aquel momento, todo parecía tener un porqué: lo que sentía, lo que hacía, lo que creía que podía construir con esa persona a la que tanto quería. Esa seguridad, frágil, pero reconfortante, era como un castillo de naipes que había levantado como buenamente pude, esperando que esa vez nadie soplara demasiado fuerte.

Pero entonces llegó esa palabra: *loca*. No fue una discusión, no fue una conversación cara a cara en la que se pudieran matizar las intenciones o aclarar los malentendidos. Fue una sentencia silenciosa, escrita, compartida a mis espaldas. Y cuando me enteré, ese castillo que había construido con tanta ilusión se derrumbó en un instante.

¿Qué significaba esa palabra? En aquel momento, no lo sabía del todo, pero lo sentí como un ataque a lo más profundo de mí misma. No era solo una crítica a lo que había dicho o hecho, sino a quién era yo. Era como si todo lo que había dado, todo lo que había sentido, no solo fuera insuficiente, sino que fuera incorrecto, equivocado. Ese fue el golpe: darme cuenta de que no importaba cuánto amara o cuánto intentara hacer bien las cosas. A los ojos de alguien más, siempre podía ser reducida a una palabra que descalificaba todo.

Ese «loca» desordenó mis esquemas porque me hizo dudar. ¿Estaba sintiendo demasiado? ¿Había hecho algo malo? ¿Era culpa mía que me percibiera así? En lugar de buscar una explicación o confrontar la situación, el miedo se apoderó de mí.

Y así, esa palabra se convirtió en algo más grande. No era solo un juicio, era un espejo distorsionado en el que empecé a verme reflejada. En el que mi intensidad, mi vulnerabilidad y mi deseo de conectar se transformaban en algo «demasiado». No sabía cómo gestionar lo que sentía, pero algo en mi interior me decía que, si mostraba más de mí misma, solo conseguiría más etiquetas, más rechazo.

Lo que hice fue algo que se ha repetido millones de veces a lo largo de la historia: comportarme como se esperaba de mí en general y más concretamente él. Más sonriente, más complaciente, más flexible, moderada. Menos yo y más una careta que me censuraba y me autoinvalidaba. Porque esa palabra no fue solo un insulto, fue un recordatorio cruel de que, por mucho que intentara encajar, siempre había algo en esa niña que parecía fuera de lugar. Algo que no debía mostrarse, algo que debía ocultar. Porque en ese momento, su mayor miedo no era estar sola. Era perder esa sensación de hogar que había encontrado, aunque fuera una ilusión frágil.

A veces no nos damos cuenta de cómo se van asentando ciertas dinámicas en nuestra mente, en nuestra forma de pensar y actuar, pero así empieza el miedo al abandono, a estar sola, a no ser suficiente. Una herida no solo se crea porque alguien me haga daño, también es lo que ocurre mientras proceso ese daño. Y lo que hice yo, y lo que permití, fue tremendamente dañino, incluso más que el que me llamase loca.

A día de hoy, puedo asegurarte que no vas a vivir toda la vida con esa sensación. Que esa palabra nunca podrá definirte. Podrá limitarte temporalmente, pero como eres mucho más de lo que pueda decir o pensar cualquiera, la realidad se impondrá por su propio peso.

Lo que viví a los diecisiete años no era solo una experiencia aislada; era parte de una narrativa más grande que afecta a muchas mujeres, aunque no necesariamente a todas. No todas pasamos por lo mismo, pero la mayoría podemos entenderlo. Esa palabra, loca, no surge de la nada. Es un reflejo de cómo la sociedad ha tratado nuestras emociones a lo largo de la historia. Y ya no hablo de las emociones que preceden a esa palabra, sino de las que genera esa palabra, independientemente del contexto.

CUANDO «LOCA» ES UN ATAQUE DISFRAZADO

A lo largo de nuestra vida, el término «loca» se ha usado de muchas formas, pero rara vez es un cumplido. Nos han llamado locas por llorar demasiado, por reír demasiado alto, por soñar en grande o por no aceptar las migajas que alguien nos ofrecía.

Nos han llamado locas cuando nos hemos atrevido a decir que no, o incluso cuando hemos dicho que sí a cosas que otros no esperaban de nosotras.

Lo curioso es que «loca» no siempre tiene que ver con lo que hacemos, sino con cómo lo interpretan los demás. Porque cuando nos llaman locas, muchas veces no es porque estemos actuando de manera irracional o dañina, sino porque estamos rompiendo con lo que se espera. Expresar nuestras emociones, defender lo que sentimos o mostrar intensidad puede incomodar a quienes no saben lidiar con esa vulnerabilidad. Y en lugar de enfrentarse a lo que nuestras palabras o acciones les generan, prefieren desacreditarnos con esa palabra: loca.

¿POR QUÉ NOS LLAMAN LOCAS Y POR QUÉ TIENE ESE EFECTO EN NOSOTRAS?

Nos llaman locas porque es rápido, porque es sencillo, porque pueden, porque funciona y porque, literalmente, se tarda dos segundos en decir la palabra, tres en escribirla y cero en que surta efecto. Pero lo que hay detrás de esa palabra va mucho más allá de las dos sílabas que contiene. «Loca» no es solo un insulto; es un arma cargada de historia, de expectativas sociales y de un sistema que, generación tras generación, ha utilizado esa palabra para controlar, desacreditar y silenciar.

Funciona porque toca una fibra muy sensible en nosotras, y esa fibra ha sido moldeada a lo largo de los siglos. Nos han enseñado, desde pequeñas, que debemos ser calmadas, serenas, siempre «razonables». Sí, esas palabras, a estas alturas de la película, ya sabemos que se traducen en que las mujeres sean **dóciles, sumisas y fáciles de manejar.**

1. Docilidad

La docilidad no siempre se espera con palabras directas, como «quiero una mujer dócil». Más bien, es cuando esperan que aceptes las decisiones de los demás sin expresar tus necesidades para no interferir.

- Aceptar las decisiones de otros sin debatir.
  «Calladita estás más guapa».
- Evitar el conflicto a toda costa.
  «No hagas un drama de todo»,
  «no seas tan intensa».
- Mostrar una actitud *agradable* incluso cuando estás en desacuerdo.
  «Sonríe un poco», «no te pongas seria».

2. Sumisión

Ser *siempre razonable* puede traducirse en sumisión, en que debes anteponer las necesidades de los demás a las tuyas propias, como:

- Ceder en discusiones sin esperar acuerdos.
- Aceptar tareas y responsabilidades que no te corresponden.
- No marcar límites claros para no parecer *difícil* o *tiquismiquis*.

3. Incomodidad con la autonomía

Se espera que seamos *serenas*, pero en el fondo, esta serenidad muchas veces se interpreta como la incapacidad de tomar el control o de liderar. Esto implica:

- No mostrar ambición excesiva.
- Dejar que otros tomen las decisiones importantes.
- No expresar emociones intensas porque «es inapropiado» o «demasiado».

4. Ser fáciles de llevar

Esa expectativa de que las mujeres sean fáciles de manejar emocionalmente significa:

- No enfadarse ni protestar porque «es complicar las cosas».
- No mostrar tristeza profunda porque «es una carga para los demás».
- No expresar emociones intensas porque hace que otros se sientan incómodos.
- No llamar la atención ni ser protagonista.

Todas estas expectativas están diseñadas para controlar y limitar la autonomía emocional de una persona, reduciendo su humanidad a un conjunto de comportamientos que son cómodos para los demás. En el fondo, lo que buscan es que:

- No incomoden.
- No desafíen.
- No ocupen espacio emocional o físico de más.

Y ojo, no estoy diciendo que esto lo hagan los hombres; no quiero colocar el foco en ellos; quiero que reflexionemos sobre algo que duele tanto, y que duele igual o más cuando viene de otra mujer, o incluso cuando nos lo decimos a nosotras mismas.

¿Qué pasa si no encajamos en estas expectativas?

Se nos llama *locas, difíciles, histéricas,* precisamente para deslegitimar cualquier forma de expresión que no sea dócil y sumisa. Pero ahí está el poder de resignificarlo:

> Cuando rompemos estas expectativas, estamos desafiando un sistema que nunca estuvo diseñado para incluirnos plenamente.

Expresar emociones fuertes es peligroso. El enfado es indeseable. Llorar demasiado es señal de debilidad. Ser apasionada puede costarte caro. Nos educan para dudar de nuestras emociones y para ponernos a prueba constantemente. Así que, cuando alguien nos llama locas, toca directamente ese miedo aprendido: **el miedo de que, en el fondo, tal vez sí haya algo mal en nosotras.**

LA CONSTRUCCIÓN SOCIAL DETRÁS DE «LOCA»

Pensemos en los tiempos en los que el diagnóstico de histeria era prácticamente un sinónimo de *ser mujer y tener emociones*. Si llorabas demasiado, si te quejabas, si esperabas más (lo básico para cualquier ser humano), si no cumplías con lo que la sociedad esperaba de ti, eras histérica. No había que buscar una explicación más profunda, bastaba con encasillarte como un problema.

Hoy no nos llaman histéricas, pero el eco de esa palabra sigue vivo en «loca», y se ha ido transformando poco a poco, de histérica a loca, de loca a tóxica, de tóxica a ya veremos qué.

Lo que nos dicen es que nuestras emociones son irracionales, que nuestras reacciones son excesivas, que estamos desbordadas o desreguladas, pero no de forma constructiva, no con amabilidad o cariño, sino como un «quieta, estás fuera de lugar».

No es un: «¿Oye, neni, estás bien? Te noto desbordada o desregulada». Cuando te dicen esto, no tienes la sensación de que te estén llamando loca. Y eso pasa, porque la intención y la forma no son las mismas. Y lo que provoca en ti, el impacto, tampoco.

Las palabras, según cómo se digan y en el contexto en el que se digan, tienen un significado muy distinto y un impacto diferente.

Y lo más dañino es que esa palabra no solo nos cuestiona ante los demás, sino que nos obliga a cuestionarnos a nosotras mismas desde un lugar muy negativo y poco constructivo.

¿POR QUÉ TIENE TANTO EFECTO EN LAS MUJERES?

1. **Porque cuestiona nuestra validez emocional**

Cuando nos llaman locas, lo que realmente están diciendo es: «Lo que sientes no tiene sentido». Y eso nos desestabiliza, porque nuestras emociones son parte esencial de quienes somos.

2. **Porque nos conecta con el miedo al rechazo**

Desde niñas nos enseñan que seremos aceptadas dependiendo de si somos *fáciles de llevar* o no: «Con ese carácter, nadie te va a querer», «No solo hay que ser una señorita, sino que hay que parecerlo». Que te llamen loca, implica que estamos fallando en esa tarea, y ese miedo puede ser paralizante.

3. **Porque perpetúa la idea de que somos *demasiado***

Ser demasiado intensas, demasiado sensibles, demasiado emocionales. La sociedad nos ha dicho que debemos contenernos para encajar, o te vas a quedar sola. Y ese «quedarse sola» tiene un gran peso.

El hecho de que a las mujeres se nos haya educado para gustar y buscar la aceptación de los demás tiene una consecuencia directa: **el miedo a estar solas.**

Este miedo no es algo innato ni universal, sino una construcción social que deriva de cómo hemos sido condicionadas a valorar nuestra valía en función de las relaciones y del reconocimiento externo.

LA CONEXIÓN ENTRE LA NECESIDAD DE GUSTAR Y EL MIEDO A LA SOLEDAD

Desde pequeñas, las niñas reciben mensajes constantes que refuerzan la idea de que su valor depende de cómo los demás las ven. El niño más *popular* es el que mejor juega al fútbol; la niña más *popular* es a la que a más niños les gusta o la más guapa. Esto establece una relación peligrosa entre la aprobación externa y la autoestima:

- «Si no gustas, no vales».
- «Si no tienes gente cerca o no tienes pareja, algo estás haciendo mal».

Cuando estas creencias se internalizan, la ausencia de validación o compañía no se percibe como una circunstancia neutral, sino como un **fracaso personal.** Para alguien cuya educación ha girado en torno a ser aceptada, estar sola no solo significa la falta de compañía, sino también la ausencia de propósito o identidad.

¿Por qué los hombres no experimentan este miedo de la misma manera?

Mientras que a las mujeres se nos enseña a valorar la aprobación externa, a los hombres se les anima a centrarse en sus metas y logros individuales. Esto crea un enfoque más interno:

- Los hombres aprenden a validar su valía en función de lo que consiguen, no de quiénes los rodean.
- Su éxito personal no depende directamente de la cantidad de relaciones que mantienen, sino de los objetivos que alcanzan.

Por ejemplo:

- A una niña se le dice: «Qué guapa estás, seguro que todos te quieren mucho».
- A un niño se le dice: «Eres tan listo, seguro que llegarás lejos».

La niña internaliza que su éxito está en gustar, mientras que el niño ve su éxito en lo que logra. Esto explica por qué el miedo a la soledad es más común en las mujeres: hemos aprendido a medirnos en función de nuestras relaciones, mientras que los hombres no dependen tanto de ellas para sentirse valiosos.

Aunque ser llamada «loca» puede ser un disparador de este miedo, en realidad tiene raíces más profundas:

- **Necesidad de pertenencia.** Desde el punto de vista de la psicología evolutiva, el ser humano busca pertenecer a un grupo como mecanismo de supervivencia. En las mujeres, esta necesidad ha sido moldeada por patrones culturales que refuerzan la conexión con el valor relacional.
- **Heridas de apego.** Experiencias tempranas de abandono o negligencia emocional pueden generar inseguridades en las relaciones futuras, haciendo que estar sola se sienta como una amenaza en lugar de una oportunidad.
- **Narrativas internas.** Las creencias como «no soy suficiente» o «nadie me querrá» no son innatas, pero pueden internalizarse por experiencias repetidas de invalidación, como ser etiquetada.

EL IMPACTO EN LA ADULTEZ

Cuando estas creencias se trasladan a la vida adulta, el miedo a la soledad en las mujeres se manifiesta de diversas maneras:

- **Relaciones románticas.** Muchas mujeres permanecen en relaciones insatisfactorias o tóxicas por el temor a estar solas, no solo por la educación que han recibido, sino por lo que el mundo sigue esperando de ellas. Ya no sé cuántas veces he escuchado tanto en Hartita como en sesión, la preocupación que tienen las mujeres de llegar a los cuarenta y pico sintiéndose mal por lo que podían pensar los demás al verla sin pareja, yendo sola al cine, de paseo los domingos o en una tienda de bricolaje.

- **Amistades.** Es común ver cómo las mujeres priorizan mantener amistades, incluso si son desequilibradas o unilaterales, por miedo a perder ese círculo de validación. Aun no siendo un espacio seguro para ellas.
- **Dependencia emocional.** La necesidad de aprobación externa puede llevar a la dependencia emocional, ya que estar sola puede sentirse no solo como un fracaso continuado a la hora de tomar decisiones, sobre todo, aquellas que se salen del patrón establecido, sino como una pérdida de identidad. No saber si estás haciendo bien o mal a menos que alguien te lo confirme.

En contraste, los hombres, aunque también pueden temer la soledad, tienden a percibirla más como una oportunidad para centrarse en sí mismos, en lugar de como una amenaza a su valor personal.

El miedo a la soledad en muchas mujeres no es una debilidad, sino el resultado de un sistema que nos ha condicionado a encontrar nuestro valor en los demás. Sin embargo, resignificar este miedo puede ser liberador:

- **Estar sola no es ausencia, sino oportunidad.** Es un espacio para reconectar contigo misma y descubrir quién eres más allá de cómo te ven los demás y enfrentarte a tus miedos para poder decidir más libremente.
- **Las relaciones son parte de la vida, no el centro de ella.** No necesitamos gustar para ser valiosas. Podemos ser plenas incluso cuando estamos solas.
- **La soledad es más intensa, cuando no estamos bien acompañadas.**

Y con todo esto, lo que quiero dejar claro, es que el miedo a la soledad no es innato, es aprendido. No se nos educa para liderar nuestro propio camino o ser protagonistas de nuestra vida. Reconocer esto es el primer paso para romper con ese patrón y construir una relación más sana con nosotras mismas, en la que estar solas no sea un castigo, sino una elección. Que el querer pareja, no venga del miedo que nos lleva a permitir o aceptar ser y vivir como no queremos.

DUDAR DE TI MISMA

Cuando alguien te llama loca, no solo desacredita lo que sientes, sino que siembra una duda en tu mente:

- «¿Estaré exagerando?».
- «¿Será que no tengo derecho a sentirme así?».
- «¿Realmente hice algo mal?».

Esa duda no surge de la nada. Está alimentada por una narrativa cultural que lleva a las mujeres a desconfiar de sí mismas. **El impacto emocional no está solo en la palabra, sino en el eco que deja en tu autoestima, en cómo afecta la forma en que te percibes.**

¿Por qué dudamos más nosotras que a ellos?

Si a un hombre le llaman loco, muchas veces no tiene el mismo peso. En el caso de los hombres, la intensidad o la emoción suelen interpretarse como pasión, como fuerza, incluso como genialidad. Pero para las mujeres, la intensidad no se celebra, sino que se penaliza. El estándar de comportamiento que se espera de nosotras es completamente diferente.

- **Un hombre que grita está enfadado.**
  Una mujer que grita está desquiciada.
- **Un hombre apasionado es líder.**
  Una mujer apasionada es inestable.

Este doble rasero es lo que hace que el impacto de la palabra «loca» sea tan desigual. Es una palabra que carga con siglos de prejuicios, con una historia de cómo se han utilizado términos psiquiátricos para controlar a las mujeres y limitar su libertad emocional.

RECLAMANDO NUESTRA NARRATIVA

En sesión, siempre hablo de la importancia de la narrativa que construimos sobre las cosas que vivimos. La narrativa es la forma en que damos sentido a nuestras experiencias y, a menudo, a las heridas que cargamos. Pero lo más importante es que esa narrativa esté libre de sesgos o condicionamientos que perpetúan nuestro dolor, porque ese dolor tiene una manera muy peculiar de infiltrarse en nuestra historia, distorsionándola y alejándonos de nuestro propio criterio.

¿Y sabes lo que más me encuentro?

Mujeres a las que les cuesta colocarse en el centro de su narrativa. Mujeres que sienten que no tienen derecho a reclamar su historia porque, de una forma u otra, se han convencido de que lo que sienten no es válido o que, de alguna manera, ellas tuvieron la culpa. Y, aunque todos somos culpables de algo, no podemos culpar a nadie de lo que siente porque no lo elige.

Y aquí está la clave: cuando las heridas afectan a nuestra narrativa, no lo hacen solo desde el dolor de lo que pasó, sino desde el impacto que tuvo en cómo aprendimos a percibirnos a nosotras mismas. Nos deja con un vacío que intentamos llenar a través de la validación externa, la complacencia o la búsqueda constante de aprobación.

Esto te hace sentir pequeña, culpable y, a menudo, te deja atrapada en una narrativa que no construiste tú, sino las circunstancias. Ese Pepito Grillo instaurado en tu mente que te llena de vergüenza y culpa.

Esta narrativa de la que te hablo puede quedar atrapada en patrones de justificación, minimización y autoinvalidación. Frases como:

- «Quizás no era tan grave».
- «Si hubiera hecho esto de otra forma, no habría pasado».

- «Lo entiendo, él/ella estaba pasando por un mal momento».

Estas son narrativas que no nacen de la empatía real, sino de una estrategia de supervivencia. Nos contamos estas historias porque nuestras vivencias nos han mostrado que no era seguro colocarnos en el centro, darnos crédito, derechos, importancia.

La narrativa personal, desde una perspectiva psicológica, no es solo un relato, es una herramienta.

Cuando somos capaces de reformular las historias que nos contamos sobre nuestras experiencias, podemos cambiar también la forma en que esas experiencias nos impactan. Reinterpretar un evento dañino desde un lugar de empatía hacia nosotras mismas nos ayuda a liberar el peso de la culpa o la vergüenza, y nos permite recuperar nuestra identidad e incluso de hacer las reparaciones o los cambios oportunos para vincularnos de forma más sana en el futuro.

Por ejemplo, en lugar de quedarnos atrapadas en una narrativa de: «Esto me pasó porque no soy suficiente», podemos reformularlo con una perspectiva más compasiva: «Esto me pasó y, aunque dolió, no define quién soy ni lo que valgo». Esta resignificación no borra lo que ocurrió, pero nos devuelve el control sobre cómo queremos integrar esa experiencia en nuestra vida.

Reclamar nuestra narrativa no significa ignorar lo que pasó o romantizarlo. Significa aprender a verlo con ojos nuevos, desde un lugar donde podamos decir: «Esto me pasó, pero no me define».

Si hemos dejado de ser las protagonistas de nuestra vida, o nunca lo fuimos, es posible que nuestras decisiones, emociones y recuerdos estén más vinculados a cómo interpretamos las expectativas de los demás: lo que hice, lo que no hice, lo que debería haber hecho para evitar conflictos, rechazo o abandono.

Esto refuerza creencias limitantes como:

- «No soy suficiente».
- «No merezco que me cuiden».
- «Necesito ser perfecta para no volver a fallar».

Estas creencias no surgen de la nada; aunque sean invisibles, se convierten en pilares que guían nuestras acciones, decisiones y emociones, muchas veces sin que nos demos cuenta.

Adueñarnos de nuestra narrativa no significa ignorar o rechazar el impacto de los demás en nuestra vida, sino comprender cómo esos patrones se han formado y trabajar conscientemente para romperlos. Reescribir nuestra historia desde un lugar de poder y agencia implica reconocernos como participantes activas, no como simples espectadoras. Significa decidir, con compasión hacia nosotras mismas, cómo queremos relacionarnos con lo que sentimos, con los demás y con nuestra propia historia.

Entender por qué «loca» tiene tanto efecto en nosotras es el primer paso para liberarnos de su peso.

Pero, si la miramos desde otro ángulo, también es un recordatorio de lo lejos que hemos llegado. Porque cada vez que alguien nos llama locas, podemos responder:

- No estoy loca por sentir. Estoy viva.
- No estoy loca por defenderme. Estoy reclamando mi espacio.
- No estoy loca por ser intensa. Estoy conectada conmigo y mis emociones y no lo oculto.
- No estoy loca, soy una persona que a veces se equivoca y tiene derecho a reparar sin ser etiquetada.

Y esa verdad no necesita la validación de nadie. Porque nuestra intensidad, nuestra vulnerabilidad y nuestra fuerza son lo que nos hacen humanas.

Cerrar la herida de «loca» significa aprender a escuchar nuestras emociones sin juzgarlas, a confiar en nuestra percepción y a rechazar las etiquetas que buscan limitarnos. Porque lo único que realmente está loco es un sistema que nos pide ser menos, cuando siempre hemos sido más de lo que le hicieron creer a nuestras abuelas, a nuestras madres, a nuestras hermanas y a nuestras amigas.

PERO ¿QUÉ PASA CUANDO SÍ HEMOS COMETIDO UN ERROR?

Hay ocasiones en las que podemos actuar mal, desde el impulso o el dolor, y eso tampoco nos convierte en «locas». En esos casos, alguien que realmente quiera señalar nuestro comportamiento de forma constructiva no recurrirá a ese término. Porque «loca» no describe nada con precisión, no ayuda a entender ni a resolver. Es solo una forma de deshumanizar y reducirnos a una etiqueta.

No somos seres de luz, al menos yo no y no aspiro a serlo. Habrá situaciones que sabremos gestionar y otras que no, cosas que necesitaremos trabajar y cosas que no, pero no podremos determinar la diferencia si nos silenciamos cuando más necesitamos ser escuchadas.

Hemos convertido «loca» en la señal. Es el pistoletazo de salida para que salgas de ahí pitando.

Así que quédate con esto:

«Loca» ya no es un insulto; es un recordatorio de que hemos tenido la fuerza para ser nosotras mismas, incluso cuando el mundo no estaba preparado para aceptarlo.

Ser loca no te hace menos. Te hace libre.

TU GPS EMOCIONAL ESTÁ BIEN, PERO NECESÍTA RECALIBRARSE

Hay muchas formas con las que nos pueden invalidar o desacreditar emocionalmente, incluso nosotras mismas podemos hacerlo, pero parece que solo cuando utilizan esa palabra, «loca», algo nos hace clic y empezamos a fijarnos en cómo están siendo realmente las dinámicas entre nosotros. Cómo te comportas tú, cómo reacciono yo. Quién intenta entender, quién intenta comunicarse. Quién hace cambios. Quien pone la carne en el asador. Qué pasa con todas esas peticiones repetitivas y desatendidas.

¿Existe victimización, proyección, manipulación emocional o distorsión de los hechos?

Me llamas loca y ya sé que algo no va bien, porque cuando me llamas loca a mí, a tu ex o a cualquier mujer, sé que lo haces para evitar la culpa de no estar a la altura de la responsabilidad afectiva que te toca o te tocaba tener. Si no, no dirías esa palabra con lo mucho que duele por todo lo que implica.

Esto que acabo de decir lo quiero explicar, porque constantemente escuchamos, por todos lados, lo típico de que si llama a su ex «loca», es una banderaza roja. Y sí, lo es. Pero tienes que saber por qué.

Actuar *mal* no implica que alguien esté loco. De hecho, es un término anticuado y estigmatizante.

Las personas pueden actuar impulsivamente, de forma desadaptativa o incluso dañina por múltiples razones (dolor, miedo, estrés, trauma o patrones aprendidos). Y lo puedes haber pasado muy muy mal, y estás en tu derecho de alejarte de esa persona. Pero estas conductas no deben reducirse a una etiqueta, deben analizarse en su contexto.

FALTA DE RESPONSABILIDAD AFECTIVA

Cuando tú estás en una relación, reflexionas sobre lo que pasa en tu relación. Lo sano sería reflexionar sobre nuestra propia responsabilidad, sin perder la empatía y sin perder de vista nuestros límites.

Inciso:

Recordemos que los límites nos los ponemos a nosotros. Se trata de cosas que no me permito a mí misma porque sé que me hace daño, o sé que no me lleva a nada, o sé que eso solo alimenta mi herida.

Si termina la relación, pensaré en el motivo por el que ha terminado. ¿Qué nos ha traído hasta aquí? ¿Cómo he participado yo en esto? ¿Cuál ha sido mi papel en los conflictos?

Y cuando llamamos loca a alguien, no estamos describiendo un comportamiento ni una dinámica. Es un término descalificativo, no explicativo y evasivo.

Ni siquiera ayuda a la persona que lo dice a identificar patrones abusivos, ya sea por su parte, por la de la otra persona o por la de ambas. Se reduce a un insulto que generaliza y estigmatiza.

Es evasivo porque, imaginémonos que un hombre llama loca a su pareja porque esta ejerce violencia sobre él; en lugar de expresar cómo le hace sentir o cómo le afecta ese trato, el término «loca», desvía la atención hacia una etiqueta que no ofrece ni contexto, ni soluciones, sino todo lo contrario.

Falta responsabilidad afectiva porque, en lugar de decir: «Me siento maltratado» o describir el impacto que tienen en él las acciones de su pareja, al usar «loca», se minimiza el problema real y se evade la posibilidad de establecer límites claros o buscar apoyo.

Y aunque llamarla «loca» puede ser un mecanismo defensivo para lidiar con el impacto del abuso, no es una forma constructiva de abordar la situación. Aunque comprensible desde una perspectiva emocional, no es adecuado ni funcional para romper dinámicas tóxicas o buscar soluciones.

Esto en el caso de que estemos hablando de una persona en una situación de abuso. Pero no siempre es así, te pueden llamar loca sin que eso implique que hayas abusado de nadie. Pero lo he mencionado porque creo que es importante que lo veamos también desde esa perspectiva.

Cuando la resolución de nuestra reflexión finaliza en: «La relación se terminó porque está loca», no hemos reflexionado sobre nada, hemos simplificado la situación y estamos desplazando toda la responsabilidad (proyección) y la culpa en la otra persona, sin considerar nuestro impacto en la dinámica. Se evita confrontar aspectos personales como las propias inseguridades, errores o falta de límites.

La falta de establecimiento de límites contribuye a dinámicas dañinas, así que el reconocimiento de estos puede ser parte del aprendizaje posterior a la relación.

Aquí hablamos incluso de esa recapitulación que muchas veces hacemos, en la que pensamos en las banderas que no vimos, las heridas que tenemos o nos ha dejado esa experiencia.

Podemos pensar: «Tenía muchas heridas, inseguridades, traumas del pasado», «Le molestaba mucho esto que para mí no era importante, teníamos valores distintos, formas diferentes de comunicarnos», «Había situaciones muy violentas que no sabía cómo gestionar y al final nos hacíamos más mal que bien y por eso terminamos».

Pero para llegar a esto, es necesario que haya responsabilidad afectiva para que pueda desembocar en un entendimiento e incluso en un trabajo de introspección personal. La responsabilidad afectiva no solo ayuda a entender qué salió mal, sino que también puede ser una oportunidad para identificar patrones repetitivos y trabajar en ellos.

JUICIO RÁPIDO Y DESCALIFICACIÓN

No nos engañemos, hablar sobre una ruptura puede ser un proceso muy complicado, especialmente porque muchas personas asocian el final de una relación con un fracaso personal. Al percibirlo así, se pueden desencadenar emociones difíciles como tristeza, vergüenza, o incluso una sensación de insuficiencia. Para algunas personas, enfrentar este malestar resulta tan incómodo que recurren al juicio rápido y la descalificación como una forma de protegerse emocionalmente.

El problema de este enfoque es que, aunque puede ofrecer un alivio momentáneo al desviar la culpa o la responsabilidad hacia el otro, a largo plazo dificulta el aprendizaje y podemos seguir permitiendo ciertos patrones y no desligarnos nunca de ellos.

La deslegitimación y la simplificación juegan un papel muy importante. Por ejemplo: imagina que tu cita te dice: «Mi ex estaba loca, todo lo que hacía era drama». Esta declaración, aunque parezca casual, no solo deslegitima a su ex, sino que también simplifica una relación. Tú lo que quieres saber es cómo es esa persona en una relación y, más concretamente, cómo afronta los conflictos. Y este tipo de actitud suele reflejar una dificultad para procesar adecuadamente lo ocurrido o un intento de evitar sentimientos incómodos.

La manera en que alguien habla de sus ex puede ser una señal de cómo manejará futuros conflictos. Si elige etiquetar y desacreditar, es probable que ese patrón se repita.

Y que no se nos olvide tampoco que el juicio rápido busca controlar la narrativa de la relación. Al presentarse como la víctima de una «persona problemática», se intenta generar simpatía o justificar comportamientos propios, lo que perpetúa dinámicas de poder desequilibradas. Esto se conoce como **victimización**

instrumental, una forma de utilizar el rol de víctima para ganar validación social o evitar la responsabilidad en los conflictos de la relación.

Tengamos esto en cuenta:
Aunque el término «loca» afecta mayoritariamente a las mujeres, no podemos perder de vista que las dinámicas de invalidación emocional no son exclusivas de un género. Los hombres también pueden experimentar deslegitimación emocional, especialmente cuando se enfrentan a prejuicios que minimizan o ridiculizan su vulnerabilidad. Frases como «Te quejas como una niña» o «Pareces débil» pueden cumplir una función similar: deslegitimar sus experiencias emocionales, desviarlos de establecer límites o buscar ayuda y reforzar dinámicas tóxicas. Esto no equipara el impacto del término «loca» con las experiencias masculinas, pero invita a reflexionar sobre cómo las etiquetas descalificativas perpetúan ciclos de incomunicación y evasión que afectan a todos.

Esto nada tiene que ver con que alguien diga: «Mi ex era un maltratador y estamos de juicio». La palabra «maltratador» no es un insulto en sí mismo, aunque se pueda usar como tal. Es la forma de definir un **patrón de conductas abusivas** que cumple ciertos criterios objetivos, como abuso físico, psicológico o emocional. No es un juicio rápido, como te decía antes, sino una etiqueta que describe hechos concretos y sostenidos. Por eso, es fundamental diferenciar entre los juicios rápidos que distorsionan la realidad y las denuncias legítimas basadas en experiencias reales de abuso. Hay que tener cuidado y no usar estos términos a la ligera, porque en el caso de que una víctima de abuso necesite hacer uso de ellos para procesar y obtener apoyo, estos dos elementos, que son fundamentales, pueden diluirse y no tomarse en serio.

Volviendo al tema, podemos entender que en una cita una persona se puede equivocar al elegir las palabras porque está nerviosa o que puede que no quiera ahondar en ese asunto en ese momento. La cuestión es que eso que me dice, deriva de una reflexión previa, y si su conclusión es esta, cuidado. Me está revelando su narrativa personal y, aunque no siempre, por las formas y el contexto debería ser una interpretación sentenciosa, al menos sí una bandera roja que no debemos obviar.

Una ruptura no debería ser un ejercicio de culpabilización, sino una oportunidad para entender qué funcionó y qué no en la relación. Elegir el juicio rápido y la descalificación como respuesta puede ofrecer una protección emocional temporal, pero los contras son muy condicionantes.

Por ejemplo, alguien que reflexiona sobre su ruptura desde un lugar más consciente podría decir: «Nuestra relación fue complicada porque teníamos expectativas diferentes sobre lo que queríamos. A veces no supe comunicar mis necesidades, y otras veces no me sentí escuchado/a. Aprendí mucho sobre lo que quiero y lo que no estoy dispuesto/a a aceptar en una relación».

Este tipo de reflexión no solo muestra madurez emocional, sino que también ayuda a construir una narrativa mucho más sana.

Si alguien te dice: «Mi ex estaba loca», podrías responderle con: «Entiendo que debió ser difícil, pero ¿qué fue lo que más te costó manejar en esa relación?». Este tipo de preguntas no solo abre la puerta a una conversación más profunda, sino que también te ayuda a observar si esa persona tiene la capacidad de reflexionar sobre sus relaciones pasadas o si está atrapada en un ciclo de juicio y evasión.

Revela su narrativa personal

Antes te decía que esa persona estaba revelando su narrativa personal sobre su anterior relación y aquí te lo quiero explicar un poco.

Hablar mal de una expareja en una cita refleja más sobre esa persona que sobre la expareja:

- **Rencor no resuelto.** Si necesita desacreditar a su ex, puede significar que aún no ha procesado completamente la relación.
- **Falta de respeto.** Hablar negativamente de alguien con quien compartió intimidad muestra poca consideración hacia las relaciones pasadas.

Como no sabes realmente cómo era su ex, podría repetir exactamente lo mismo contigo.

Vamos a matizar que significa: «Hablar mal».

Decir: «Mi última relación fue bastante complicada, chocamos mucho porque ambos veníamos con nuestra propia mochila y nos costó gestionarlo. A veces me sentía ignorado/a, y eso me afectaba mucho. Hubo tracciones y situaciones muy dolorosas que me dejaron un poco tocada/o y ahora con todo esto tengo más claro lo que quiero y no quiero en una relación», es una manifestación con la que la persona está:

1. **Describiendo su experiencia personal.** Habla de cómo se sintió en la relación, sin descalificar a la expareja ni usar etiquetas que simplifiquen la situación.
2. **Reconociendo su propio papel.** Acepta que ambas partes contribuyeron a las dificultades de la relación, lo que refleja introspección y autocrítica.
3. **Mostrando aprendizaje.** En lugar de quedarse atrapado/a en el resentimiento, utiliza la experiencia como una oportunidad para crecer emocionalmente.
4. **Expone una situación complicada como la traición.** Ahí vemos apertura emocional: comunica una situación que le generó una herida, dando paso a una conversación por la necesidad de que la otra persona tome conciencia sobre ello y puedan establecer ciertas bases de confianza e intimidad.

¿Por qué es importante esta diferencia?

Porque la narrativa personal juega un papel clave en cómo procesamos las rupturas y construimos nuestras relaciones futuras. Una narrativa simplista y despectiva («Mi ex estaba loca») puede indicar mecanismos de defensa como la proyección o la evitación, que dificultan la resolución emocional y perpetúan patrones poco saludables.

Por el contrario, una narrativa reflexiva muestra que la persona ha integrado la experiencia de manera saludable, lo que sugiere mayor capacidad para gestionar conflictos y construir una relación basada en el respeto y la comunicación.

¿Qué nos dice sobre futuros conflictos?

Alguien que descalifica a su ex con términos peyorativos tiende a:

- Simplificar situaciones complejas, lo que puede ser una señal de que evita profundizar en conflictos.
- Utilizar etiquetas para deslegitimar a los demás, lo que podría repetirse en futuras relaciones.
- Mostrar un enfoque reactivo en lugar de proactivo hacia los problemas.

Por eso, es importante prestar atención a cómo alguien narra sus vivencias. Una narrativa basada en el respeto y la introspección no solo habla de su madurez emocional, sino también de cómo, probablemente, maneje los conflictos en su próxima relación.

Antes de continuar, quiero acompañarte en este EJERCICIO:

Cómo evitar el juicio rápido y la descalificación.

1. **Reconoce tus emociones**

   En lugar de saltar a conclusiones o etiquetas, permite que las emociones incómodas afloren.

La tristeza, el enfado o incluso la confusión son normales tras una ruptura. Procesarlas de manera consciente es esencial para sanar.

2. **Haz una revisión objetiva**

   Reflexiona sobre las dinámicas de la relación, reconociendo tanto lo que funcionó como lo que no. Pregúntate:

   - ¿Qué patrones se repitieron?
   - ¿Qué aprendí sobre mí y mis necesidades?
   - ¿Qué límites puedo establecer en futuras relaciones?

3. **Evita frases descalificativas**

   Si te encuentras describiendo a tu ex como «loca» o cualquier otro término despectivo, pregúntate qué hay detrás de esa necesidad. ¿Estás evitando algún sentimiento? ¿Qué emociones no has procesado aún?

4. **Busca entender**

   Aunque no siempre sea posible ni necesario justificar las acciones de la otra persona, intentar entender qué pudo motivarlas puede ofrecer una perspectiva más completa y liberadora.

TUS BRÚJULAS

Hay momentos en los que tu intuición te dice algo y tu mente intenta racionalizar ese algo. A veces, sabes que eso que estás viendo o sintiendo no está bien, intuyes *peligro*. Pero, a falta de comprensión por ausencia de información o hechos que confirmen lo que sientes, terminas exponiéndote a que te sigan haciendo daño. Ese daño que ya te han hecho una, dos, tres veces. Como si encontrar ese «porqué» fuese estrictamente necesario para tomar una decisión, para disminuir esa tensión interna o para empezar a escucharte.

¿LE HACEMOS CASO A LA INTUICIÓN?

La intuición es una herramienta valiosa que puede guiarnos cuando la información externa es limitada. Sin embargo, también es importante reconocer cuándo nuestras emociones pasadas pueden interferir con esta percepción. Por eso, en este capítulo exploraremos cómo diferenciar entre actuar desde la intuición y hacerlo desde las heridas emocionales que hemos acumulado a lo largo del tiempo.

Está bien intentar comprender a los demás, pero también necesitamos contemplar una cosa: la intuición es la capacidad de saber algo sin necesidad de razonamiento consciente o análisis lógico. Es un proceso mental que se basa en la percepción y la experiencia, lo que nos permite llegar a una conclusión rápidamente y, a menudo, sin ser capaces de explicar exactamente cómo llegamos a esas conclusiones.

Podríamos decir que tu intuición ya es una forma de pensamiento rápido. No hay racionalización, pero sigue siendo un procesamiento de la información a un nivel menos consciente, que surge de tu propia experiencia acumulada, patrones de reconocimiento y memoria implícita.

Pregúntate:

- ¿Cuántas veces has ignorado esas señales y después te has arrepentido?
- ¿Cuántas veces has actuado impulsivamente y después te has arrepentido?

Aprender a diferenciar entre intuición y herida ajusta nuestro GPS para no volver a caer ni en la primera pregunta, ni en la segunda.

¿Cómo saber si ignoramos la intuición?

A veces, puedes pensar: «Quizás no me han hecho suficiente daño como para alejarme». Esto sucede sobre todo cuando has aprendido a minimizar tu dolor para priorizar las necesidades de los demás o priorizar un vínculo, aunque no salga *rentable* hacerlo.

Este hábito, aunque arraigado, puede llevarte a ignorar señales importantes que tu intuición te está mostrando.

Por ejemplo:

- Percibes un patrón de comportamiento, pero dudas de si estás exagerando. Esa sensación de «uy, uy, esto es chungo» aparece como un aviso.

¿Qué significa?

Puede ser: «**Escucha y protégete**» o **«Sal de aquí pitando porque esto solo puede escalar en problemas mayores**». Pero muchas veces no hacemos caso, y ese pequeño aviso, granito a granito, se convierte en una montaña de la que es difícil bajar.

La intuición es especialmente útil en situaciones en las que la toma de decisiones rápida es necesaria, o cuando la información es limitada. Por ejemplo, si estás en una cita y alguien llama «loca» a su ex, eso puede ser una bandera roja. Puede que no tengas toda la información para corroborar esa sensación de incomodidad, pero tu cuerpo sabe algo. Y cuando algo chirría, hay un porqué y primero, siempre, será escucharnos, ver qué necesitamos antes de analizar e intelectualizar toda la historia vincular o personalidad de esa persona.

Cuando atendamos a esas sensaciones, podremos discernir de qué se trata, pero antes de juzgar eso que llamamos intuición, pensemos que incluso cuando racionalizamos algo, podemos equivocarnos, aunque lo hagamos basándonos en hechos perfectamente claros. Esto lo podemos ver, por ejemplo, cuando vamos al médico y, por nuestros síntomas, nos hace un diagnóstico que quizás no sea el apropiado. ¿Se ha equivocado? Quizás faltaba información o quizás la que había no era clara, pero se ha usado un protocolo basado en la racionalización y el método empírico. Solo que, en esta ocasión, no ha dado en la tecla, aunque todo apuntase a que era evidente que eso era así.

Pues, la intuición también puede ser muy poderosa y a menudo correcta, pero no siempre es infalible.

No lleva un procesamiento de la información tan consciente, pero si tu cuerpo te dice que por ahí no es, aunque no sepas exactamente por qué, quizás, parar y escuchar, sea una buena idea.

Dicho esto, hagas lo que hagas, te puedes equivocar, es humano, pero escucha siempre a tu cuerpo.

INTUICIÓN VERSUS HIPERVIGILANCIA

Para que empecemos a diferenciar de dónde vienen esos mensajes que nos envía el cuerpo, es fundamental diferenciar la intuición de la hipervigilancia.

Una de las cosas que más me he encontrado, tanto en Hartita como en sesión, es que o tendemos a ignorar las señales o tendemos a buscarlas hasta debajo de las piedras y sobreanalizarlas. Así que este apartado, hazme caso, es superimportante.

Mientras la intuición surge de la experiencia y es útil para la toma de decisiones, la hipervigilancia está impulsada por el miedo y el deseo de evitar el dolor a toda costa. La hipervigilancia te mantiene en un estado de alerta constante que no solo agota emocionalmente, sino que también puede distorsionar tu percepción de la realidad.

¿Cómo diferenciarlas?

La intuición observa. La hipervigilancia reacciona. La intuición surge desde la serenidad. La hipervigilancia, desde el miedo que acompaña a una herida.

> Por ejemplo:
>
> **Desde la hipervigilancia.** Tu pareja llega tarde a casa sin avisar, y automáticamente sientes que algo está mal. La mente empieza a trabajar en modo alarma: «¿Estará enfadado conmigo?», «¿Habrá estado con otra persona?». Reaccionas de inmediato y le haces varias llamadas seguidas, escribes mensajes pidiéndole explicaciones, e incluso empiezas a revisar su

ubicación o las últimas conexiones en redes sociales. Esta reacción no surge de lo que ocurre en el presente, sino del miedo acumulado en una situación del pasado, como una infidelidad previa o un patrón de desinterés que aún no has podido gestionar.

Desde la intuición. Tu pareja llega tarde a casa sin avisar, y sientes que algo no encaja. Es una sensación sutil, pero no te lleva a entrar en pánico. En lugar de reaccionar inmediatamente, decides observar y esperar. Te preguntas: «¿Ha pasado algo similar últimamente?», «¿Es un patrón o un evento aislado?». Actúas desde la calma, expresando tus sentimientos de manera abierta y cuando llega, dices: «Me preocupó que no avisaras, ¿todo está bien?». Este enfoque no surge del miedo, sino de la conexión con el momento presente y el respeto por tus emociones y el espacio de tu pareja.Cuando atendemos a nuestras sensaciones, podemos discernir mejor qué nos está diciendo nuestro cuerpo. Pero siempre es importante dar un paso atrás, pausar y reflexionar antes de actuar.

Profundicemos en estas diferencias

Quiero que profundicemos juntas en esto, porque muchas personas en Hartita, a lo largo de estos años, se han hecho la misma pregunta: «¿Cómo diferenciar si es mi intuición o si es mi herida lo que me lleva a estas conclusiones?».

Quizás tú te estás haciendo la misma pregunta, así que te diré lo mismo que les respondo a ellas.

La **herida** distorsiona la percepción. Es como llevar unas gafas empañadas que alteran la forma en que interpretas lo que ocurre. Si llevas cargando el miedo al rechazo, al abandono o a la invalidación, tus respuestas estarán teñidas por esos patrones de defensa (como la hipervigilancia) que se activan automáticamente para protegerte del dolor. Actuar desde la herida significa reaccionar desde un lugar de supervivencia, no de conexión con la realidad presente.

Por el contrario, la **intuición** no es reactiva ni caótica. Es silenciosa, sutil y muchas veces difícil de explicar, pero surge desde un lugar más profundo y sereno. Se basa en tu experiencia acumulada, en patrones que has aprendido a reconocer incluso sin ser del todo consciente de ello. **La intuición observa; la herida reacciona.**

Y por desgracia, cuando la herida toma el control, no solo alimenta al bicho (nuestro miedo) y agranda la herida ampliando *su poder,* su espacio en nuestra vida, sino que en el caso de no haber existido un problema real del que preocuparnos, creará uno.

La clave está en **observar desde dónde vienen nuestras decisiones** y cómo nos sentimos al tomarlas:

1. **Observar el origen**
   - Pregúntate: ¿Estoy reaccionando desde un miedo antiguo o desde lo que ocurre ahora mismo?
   - Si percibes que la reacción viene del pasado, es una oportunidad para trabajar en esa herida, no para ignorarla.
2. **Desde la calma o desde la urgencia**
   - La intuición te habla con serenidad, incluso cuando algo no está bien. No genera pánico ni te obliga a actuar de inmediato.
   - La herida, en cambio, es urgente, caótica y te empuja a reaccionar impulsivamente para apagar el dolor o el miedo que sientes.
3. **Desde el presente o desde el pasado**
   - La intuición interpreta lo que ocurre aquí y ahora, conectando con el momento actual.
   - La herida revive experiencias anteriores y proyecta ese dolor en la situación presente, aunque los contextos no sean iguales.
4. **Desde la claridad o desde la confusión**
   - La intuición te da una sensación de certeza tranquila, incluso cuando no puedes explicarla del todo.
   - La herida genera confusión, dudas y una avalancha de pensamientos que te agotan emocionalmente.

5. **Aceptar la posibilidad del error**
    - La intuición no siempre es infalible, pero tampoco lo es la racionalización. Aprender a escuchar a tu cuerpo y tus emociones es un proceso que requiere paciencia y autocompasión.

Hay una frase que dijo una persona en Hartita y me encantó: «Todos vemos el mundo con nuestras gafas y lo medimos con nuestra regla».

¿QUÉ PASA CUANDO ESTAS SENSACIONES ME HACEN SENTIR QUE ME ESTOY VOLVIENDO LOCA?

Es normal que, en un primer momento, la incertidumbre de no saber qué está pasando pueda desencadenar pensamientos como: «¿Será verdad?», «¿Estoy exagerando?», pero, si logras detenerte y escuchar con atención, esa misma sensación de *estar volviéndote loca* puede ser una señal para conectar con tu intuición: «Esto no está bien. No estoy loca; estoy reaccionando ante algo que no puedo ignorar».

Antes de actuar, regálate tiempo para reflexionar

Si lo que percibes viene de la intuición, no desaparecerá por esperar un poco más. Pero si viene de la herida, esa pausa puede darte la oportunidad de soltarlo, de reenfocar y de responder desde un lugar más consciente.

El reto es aprender a separar ambas cosas, a no dejarnos llevar por el peso de la herida, sino a utilizar nuestra intuición como una brújula que nos ayude a tomar decisiones desde el poder que ya tenemos, no desde el miedo que nos dejaron.

Pero ¿qué pasa cuando le comunico mi preocupación a mi pareja, y es él o ella quien me llama loca?

FORMAS EN LAS QUE ME HAN LLAMADO «LOCA»

«Estás mal de la cabeza»
«Eres Antoñita la fantástica»
«Eres una lunática»
«Está fuera de sí»
«Estás delirando»
«Se te va la pinza»
«Tienes la piel muy fina»
«Eres una histérica»

¡Para enmarcar!

Estas etiquetas que duelen un montón, reflejan más las percepciones de quienes las dicen que la realidad de la persona a las que se dirigen, y a menudo se utilizan para desacreditar o controlar evitando responsabilidades.

¿Sabes qué me gustaría?, que nos grabásemos esto **a fuego** en nuestra mente; porque no puede ser que si tú tienes un problema con alguien y se lo comunicas, en lugar de centrarse en ese problema, desvíe la conversación a que el problema eres tú porque estás loca, eres una exagerada, una paranoica, una dramática o lo que sea y termines entrando en una guerra de desgaste, defendiéndote de eso que está diciendo que eres.

No se está centrando en el comportamiento, ni en el problema, sino en ti.

Estás ahí para hablar del problema por el que acudes a esa persona, **no para defenderte de sus percepciones sobre lo que eres o dejas de ser.**

Sus intentos por desviar la conversación a tu costa, no pueden dar frutos. Tú no puedes ser el saco de boxeo de nadie. Igual que nadie puede ser el tuyo.

En este momento, estás intentando tener una conversación en la que te estás exponiendo emocionalmente y eres vulnerable; recibir eso no solo conecta con las heridas que puedas tener, es que es un llamado a gritos a la ira.

Y tienes derecho a enfadarte, estos comentarios son una forma de manipulación, y el impacto de ser llamada «loca» genera sentimientos de humillación e invalidación. Es una táctica que no solo desacredita lo que sientes, sino que deposita en ti la culpa del conflicto, ignorando la responsabilidad de la otra parte.

Sé que la ira es una emoción con muy mala fama y muy cuestionada, ya que, en concreto con las mujeres, se nos espera siempre cuidadoras, disponibles, sonrientes y amables, como si flotásemos en una nube. Eso de vernos sulfuradas *no es aceptable* porque, automáticamente, te conviertes en una histérica y tu enfado deja de tener sentido, como si no lo provocase nada ni nadie más que tú y cómo te tomas las cosas. Y, de repente, algo que es normal te hace sentir completamente fuera del tiesto.

Además, ocurre algo descabellado y es que el hecho de enfadarte aún más cuando te tratan como si estuvieras loca (o cualquiera de sus versiones), es un indicativo, para algunas personas, de que, efectivamente, estás loca. Confirmado. *Check.*

¡POR DIOS, CUÁNTO SESGO COGNITIVO!

Resumen: esa persona piensa que las mujeres cuando se enfadan (o tú en concreto), no tiene nada que ver con lo que ha pasado o con ella, igual es la regla, igual es que te gusta discutir... y en lugar de preguntarse por qué te has enfadado, simplemente confirma que se te ha ido la pinza, que estás mal de la cabeza, que estás delirando, que eres así y ya.

Y yo, cuando veo eso, pienso: esta persona vive condicionada por **el sesgo de confirmación,** que consiste en la tendencia a buscar, interpretar y recordar información que confirma creencias o hipótesis preexistentes, ignorando o descartando datos que las contradigan. En este caso, la persona ya tiene una idea preconcebida (por ejemplo, que las mujeres se *descontrolan* emocionalmente) y usa tu reacción como evidencia que refuerza esa creencia, mientras ignora el contexto o sus propias acciones en el conflicto.

Y a partir de aquí, nos enfrentamos no solo a uno, sino a tres problemas:

1. El que teníamos de antes.
2. Que me manipule, me invalide o me insulte, influyendo en mi salud mental.
3. No dejarme condicionar por su bicho (su sesgo o dificultades emocionales).

¡NO CONTROLES MI FORMA DE SENTIR PORQUE ES NORMAL!

En estos momentos, pensamos que esa persona es evitativa porque está intentando eludir tomar responsabilidad o enfrentarse al problema. *Okey.* Pero si nos ceñimos a los resultados, podríamos clasificar esa conducta según el impacto que tiene y, desde un punto de vista psicológico, cuando alguien te llama «loca» o te recrimina un tema delicado para ti (que no tiene nada que ver con lo que estáis hablando o haciendo), puede que esté queriendo evitar responsabilizarse o tratar un tema incómodo, pero lo hace controlando la dirección de la conversación e influyendo negativamente en ti, así que estamos ante una conducta manipulativa.

No es una acción evitativa y ya.

Te voy a poner un ejemplo de algo que le ocurrió a una persona que está con nosotras en Hartita y del cual hicimos un episodio. Claramente, el nombre es ficticio:

María había salido varias veces con los amigos de su pareja y, en dos ocasiones, ellos hicieron comentarios graciosos sobre su cuerpo.

En ambas ocasiones, María se bloqueó y no supo cómo reaccionar. Esperaba que su pareja interviniera, pero no lo hizo. La primera vez que ocurrió, al hablarlo en casa, su pareja le quitó hierro al asunto, asegurándole que los comentarios de sus amigos no eran malintencionados y que no debía preocuparse.

La segunda vez, cuando María intentó expresarse nuevamente, su pareja respondió que ella no tenía sentido del humor.

La tercera vez, ocurrió algo más directo. Él puso el altavoz del coche mientras hablaba con un amigo, y este comentó:

—¿Vas a ver a la Peggy? —En referencia a la cerdita Peggy—. ¿Le han crecido más las tetas o es que está con la regla?

En lugar de defenderla o mostrar incomodidad, su pareja respondió con un:

—Ya ves.

Y cambió de tema, todo esto delante de María.

Cuando colgó, María, visiblemente afectada, le dijo:

—¿No vas a decirme nada?

A lo que él respondió, con tono molesto:

—¿Qué pasa, que quieres discutir?

Esta última frase fue la que hizo que María terminase de salirse de sus casillas y que él le dijese que estaba loca. Una loca que solo quiere discutir, que busca problemas donde no los hay, que no tiene sentido del humor, etc.

He puesto este ejemplo porque, por desgracia, es tremendamente común y no solo con parejas, sino también en entornos familiares, de amistad o incluso en el trabajo.

Cuando ella envió esta petición a Hartita, se sentía tremendamente culpable por la discusión. Por haberle reclamado y haber provocado el distanciamiento de su pareja. Ella estaba haciendo contacto cero, pero aún le quedaban muchas cosas por resolver, por aclarar. Así que, lo que vamos a hacer ahora, es analizar esa dinámica:

1. **La minimización y el *gaslighting***

El primer patrón que podemos ver es la tendencia de la pareja de María a minimizar los comentarios de sus amigos, definiéndolos como *graciosos* o *sin maldad.* Esto no solo invalida los sentimientos de María, sino que la lleva a cuestionar si su malestar es justificado.

En psicología, este comportamiento es una forma de *gaslighting:* una estrategia que hace dudar a la persona afectada de su percepción de la realidad, reforzando la idea de que está siendo «demasiado sensible».

2. **El desplazamiento del problema**

Cuando María intenta expresar su incomodidad, su pareja desvía el foco del problema real (los comentarios irrespetuosos de los amigos y la falta de apoyo de su parte) y lo coloca sobre ella. Frases como «No tienes sentido del humor» o «¿Qué pasa, que quieres discutir?» son intentos de desviar la conversación hacia una crítica personal hacia María. Esto no solo evita que se resuelva el conflicto, sino que refuerza un desequilibrio de poder, dejando a María como la problemática o loca por expresar lo que siente.

3. **Normalización de la falta de respeto**

El tercer conflicto es particularmente grave porque, además de no defender a María, la pareja participa de la burla con un comentario que refuerza la agresión verbal del amigo. Esta actitud refleja una normalización de la falta de respeto hacia María, tanto por parte de los amigos como de la propia pareja. Pero también una normalización de la violencia hacia ella. Desde una perspectiva psicológica, esto puede tener un impacto significativo en la autoestima de María, al sentir que no merece apoyo ni consideración en un entorno social que debería ser seguro para ella.

4. **El impacto emocional: vergüenza y aislamiento**

La repetición de estas dinámicas crea en María una sensación de vergüenza e indefensión. No solo debe lidiar con los comentarios hirientes de los amigos, sino también con la falta de respaldo de su pareja y el *consentimiento* de este respecto a ese tipo de comentarios, lo que agrava la sensación de soledad emocional. Este tipo de conductas pueden generar un círculo de inseguridad, en el que María se cuestiona constantemente si tiene derecho a sentirse herida, lo que perpetúa la dinámica de abuso emocional.

5. **El uso de «tú lo que quieres es discutir» como manipulación**

Esta frase es un ejemplo claro de cómo se utiliza la manipulación para silenciar a la otra persona. En lugar de abordar el problema planteado, se desvía la atención hacia la supuesta intención de generar conflicto. Esto no solo desestima las emociones de María, sino que también refuerza la idea de que cualquier intento de expresar su incomodidad será interpretado como un ataque.

Así que, aunque las intenciones importan, el impacto que tiene en ti su conducta importa más, y la no introspección y validación emocional son suficientes en este caso como respuesta a si existe intención de cambio.

- **Que sus amigos no hagan esos comentarios para hacerle daño, importa.** El impacto del daño que hacen, importa más.
- **Que su pareja no tenga la intención de minimizar su dolor, importa.** El impacto de la manera en la que aborda la situación, independientemente del motivo o las dificultades que tenga a la hora de poner límites o defender a su pareja, importa más.
- **Que su pareja quiera que María se integre con sus amigos, importa,** pero que se preocupe por hacer una integración donde ella no salga dañada o perjudicada, importa más.

En el momento en el que se hacen esos comentarios despectivos y los permitimos sin señalar que no son aceptables, al hacer que la persona receptora dude de sí misma, están ejerciendo control o poder sobre su percepción y emociones. Por lo tanto, aunque no conozcamos la intención exacta de quien lo dice, el hecho de que el comentario tenga ese efecto importa y no podemos obviarlo.

Y sí, estamos de acuerdo en que no todos los comentarios que te hacen reflexionar sobre tus actos son manipulativos. La diferencia clave radica en el propósito y el efecto del comentario.

¿Cuál es el propósito de insultar a alguien? ¿Cuál es la intención? Yo no me trago que la intención contemple el no hacer daño, sinceramente. Y si no lo contempla, ¿dónde está el foco?, en ¿sálvese quien pueda?

Hay comentarios que te pueden hacer sentir mal o incluso culpable porque quizás no has hecho las cosas del todo bien o has hecho daño a alguien, pero promueve un cambio positivo, adaptativo; no distorsionar la realidad, no invalida lo que sientes, no te hace dudar de tu percepción o tu cordura, ni controla tu comportamiento.

Los comentarios constructivos pueden doler, sí, pero no te hacen dudar de quién eres. Porque cuando sí lo hace, la próxima vez, te pensarás más de tres veces si acudir a esa persona cuando haya un problema o expresar tus emociones, no esperarás respeto, ni complicidad, ni protección, ni apoyo. Ese tipo de relaciones te enseñan a no esperar nada, ni lo básico, y a consentirlo todo, sin filtro.

En una relación sana, puedes cometer errores, hablar de ellos y aprender de las críticas sin temer que tu percepción o tu valía sean constantemente cuestionadas. Una relación sana no te enseña a esperar menos; te enseña a esperar lo justo y necesario.

Por eso soy tan pesada en redes con Hartita. Porque hay muchísima gente que no tiene apoyos, ni gente con quien hablar y que le digan: «Mira, neni, eso no está bien, no mereces eso».

Ya solo ese mínimo apoyo, ese sentirse vista, es suficiente para plantar una semillita en la mentecita de esa persona y empezar a revisar lo que está viviendo, desde otro punto.

Así que, cuando nos enfrentemos a esta situación, vamos a intentar no entrar por el aro. A interpretar la ira como lo que es, una emoción básica, primaria, que forma parte de las emociones universales que todos los seres humanos experimentamos, junto con la alegría, la tristeza, el miedo, la sorpresa y el asco.

¡Hasta mis gatos se enfadan y es respetable!

Estas emociones tienen una base biológica y se expresan de manera similar en diferentes culturas. Y si pensamos en su función adaptativa, es decir, la razón y la ayuda que nos ofrece esta emoción, es la de movilizar nuestra energía y los recursos de nuestro cuerpo para enfrentarnos a amenazas o desafíos. Sirve para protegernos, establecer límites y motivarnos a tomar acciones para cambiar situaciones injustas o perjudiciales.

Así que no, no la vamos a censurar. Sobre todo, porque es igual de perjudicial actuar impulsiva o agresivamente como reprimir la ira o internalizar este tipo de violencia, afectando así a nuestra percepción de nosotras mismas cuando sus palabras dicen más de quien agrede que de ti.

NO TE DEJES CONDICIONAR POR EL BICHO

Es aquí donde entra en juego lo de no dejarnos condicionar por el bicho. Aunque esa vocecilla (el bicho) entre en nuestra cabeza, no le vamos a dar poder.

Muchas personas en Hartita desde que empezamos, cuando digo esta frase: «Sus palabras dicen más del susodicho que de ti». Lo entienden..., pero no lo entienden. Es normal, seguramente te preguntas ¿qué es lo que dice de él o ella? Aquí tienes una lista con algunas de esas cosas:

1. Inseguridad personal

Hay personas inseguras que a menudo proyectan sus propias inseguridades en otros. Al etiquetar a alguien de manera negativa, intentan desviar la atención de sus propios problemas o dificultades. Es como si estuviesen lanzando una patata caliente que no quieren sostener. En lugar de enfrentarse a sus propios temores, prefieren tirarte la patata a ti para no quemarse.

2. Falta de empatía

Quien utiliza estos términos suele mostrar falta de empatía, es decir, una incapacidad o falta de voluntad para entender, sostener o compartir los sentimientos de los demás. Esto indica dificultades para conectarse emocionalmente con otros. Están usando tapones para los oídos porque no quieren o no pueden escuchar lo que dices, así que te ponen la etiqueta rápida y siguen con su día, como si nada importara.

3. Necesidad de control

Estas personas pueden sentir la necesidad de controlar la situación o la relación. Llamar «loca» o «dramática» a alguien puede ser un intento de desestabilizar a la otra persona y mantener ese control. Podríamos verlo como una forma de lanzar órdenes que te dicen por dónde debes ir o pensar.

4. Inmadurez emocional

El uso de términos despectivos para invalidar a alguien puede reflejar una inmadurez emocional.

En lugar de abordar el conflicto de manera constructiva, la persona recurre a insultos para evitar enfrentar la situación de manera madura. A todos nos cuesta manejarnos en según qué situaciones y, en este caso, en las relaciones cuando hay conflicto o las cosas no van como la seda.

5. Defensas psicológicas

Puede verse como un mecanismo de defensa, como la proyección o la minimización. La persona puede estar proyectando sus propios sentimientos de inestabilidad o exageración emocional en la otra persona para proteger su autoestima. Piensa en ellos como si estuviesen jugando al escondite con sus propios sentimientos. En lugar de enfrentarse a sus emociones, se esconden detrás de palabras, esperando a que no les encuentres porque estés demasiado centrada en lo que te ha dicho.

6. Resistencia al cambio

Algunas personas no están dispuestas a reflexionar sobre su propio comportamiento o considerar que podrían estar equivocadas. Al invalidar a otros, evitan enfrentar la posibilidad de que necesitan cambiar o mejorar. El miedo a lo que pueda venir después hace que en lugar de pasar de canción, te pares en una como un disco rayado. Quizás lo que viene no es mejor, sino más desafiante.

7. Pocas habilidades de comunicación

Etiquetar a alguien con términos negativos es una forma de comunicación deficiente. Puede indicar que la persona no tiene las herramientas o habilidades para expresar sus sentimientos o resolver conflictos de manera efectiva.

8. Miedo a ser vulnerables

Descalificar las emociones o comportamientos de otros puede ser una forma de evitar mostrar vulnerabilidad propia. Al invalidar a alguien, la persona se protege de tener que lidiar con sus propias emociones o inseguridades. Es como llevar una armadura de cartón, te sientes fuerte hasta que te mojas.

9. Patrón de comportamiento abusivo

En algunos casos, este tipo de comentarios puede ser parte de un patrón de abuso emocional, donde la persona busca ejercer poder y control sobre el otro mediante la degradación y la invalidación constante. Lanzar ese tipo de insultos, como «loca» o «histérica», es su manera de condimentar la relación, pero en lugar de mejorar su sabor, lo arruinan.

10. Proyección de problemas personales

La persona puede estar lidiando con problemas personales que proyecta en los demás. Llamar «loca» a alguien puede ser una manera de externalizar su propio caos emocional o mental. Prefieren regar tus problemas, esperando que así crezcan y se conviertan en los verdaderos problemas cuando, en realidad, el jardín que deben atender, es el suyo.

En resumen.

Cuando alguien te llama «loca» o trata de invalidar tus emociones o experiencias, está revelando más sobre su propio estado emocional y psicológico que sobre el tuyo.

Dicho esto, es normal enfadarse, es normal sentir ira, o tristeza, o angustia por la injusticia; lo que haremos es reconocer esas emociones, nos vamos a dar un momentito de pausa para no reaccionar de manera agresiva o perjudicial para nosotras mismas o para el resto, y si no nos queda más remedio que llegar a un acuerdo con esa persona, porque no siempre podemos mandarlo a cagar a la vía y quedarnos tan anchas, nos vamos a expresar colocando el foco en el objetivo, que no es defendernos de eso que ha dicho para evitar el tema, sino el tema por el que hemos empezado a hablar.

Porque calladas,
no estamos más guapas.
Calladas,
nos rompemos por dentro.

GESTIÓN EMOCIONAL

Pensemos una cosa, la gestión emocional no se mide en la rapidez o la fuerza con la que afrontemos o defendamos algo, sino como la mejor forma de afrontar una situación.

Tenemos claro que, para nuestro yo del presente, es mucho más fácil y seguro evitar una confrontación o un problema. Para nuestro yo del pasado, es lógico ponerse a la defensiva porque está herido. Y para nuestro yo del futuro, puede que esas dos cosas, le traigan aún más problemas, angustia, malestar y sensación de indefensión. Por eso, pararnos y pensar en que lo que decida ahora, hará que mañana mis tres yoes se sientan de una forma u otra, vale más que dejarnos llevar por patrones o heridas funcionando en automático. No es la vía más fácil, pero sí la más útil.

Puedo enfocar mi gestión emocional en sentirme orgullosa de cómo he reaccionado porque no le he dado poder a esa persona y eso sana heridas, ya no me siento como un animalito indefenso.

Y puedo sentirme tranquila porque ya no tendré que enfrentarme a esta conversación en el futuro, aunque hubiese sido más fácil evitarla.

Puedo ver la manipulación como una manzana. La identifico, la miro y no la cojo ni la muerdo porque esto está pocho. Reconduzco la conversación hacia mi objetivo. Y ahí, es donde deposito mi energía.

EJEMPLO:

Imagina que estás en una discusión con tu pareja porque no ha cumplido con un acuerdo que habíais hecho, como repartir las tareas del hogar. Tú intentas hablar del tema, pero él desvía la conversación y dice algo como: «Es que tú siempre estás buscando problemas. Parece que nunca estás contenta con nada».

En ese momento, tu **yo del pasado,** que aún lleva heridas de haber sido ignorada o invalidada en otras relaciones o situaciones, podría sentirse atacada y ponerse a la defensiva, diciendo cosas como: «¿Cómo te atreves a decir eso? Tú eres el que nunca hace nada, siempre tengo que estar detrás de ti para que cumplas con lo que prometes».

Tu **yo del presente**, para evitar la confrontación y el malestar inmediato, podría pensar en callarse y dejarlo pasar, diciéndose a sí misma que es mejor no pelear para no empeorar la situación o diciéndote que es mejor dejarlo porque no vas a conseguir nada.

Pero, si logras detenerte un momento, respirar y reflexionar sobre cómo quieres manejar esta situación, puedes conectar con tu **yo del futuro**.

Ese yo no quiere arrastrar esta conversación sin resolver, ni acumular resentimiento. En lugar de responder desde la herida o evitar el conflicto, decides enfocarte en tu objetivo: reconducir la conversación hacia la falta de cumplimiento del acuerdo.

Entonces, eliges decir algo como: «No estoy buscando problemas. Estoy hablando de algo específico que acordamos. Me gustaría que habláramos sobre eso porque siento que no se está cumpliendo, y eso me afecta».

Esta respuesta:

1. **Reconduce la conversación.**
   No entras en la provocación ni desvías el tema hacia una discusión personal.
2. **Protege tus emociones.**
   No das poder a la manipulación ni permites que te hagan sentir culpable por expresar lo que sientes.
3. **Evita conflictos futuros.**
   Abordas el problema ahora, de forma clara y directa, en lugar de dejarlo pasar y que se acumule.

¿QUÉ PASA SI SIGUE ENFOCÁNDOSE EN QUE EL PROBLEMA ERES TÚ?

Es posible que la otra persona insista en desviarte, diciendo algo como: «Claro, tú siempre tienes que llevar la razón. No importa lo que haga, nunca te parece suficiente».

En este punto, es importante mantener la calma y reafirmar tu límite sin entrar en la trampa de justificarte, sobreexplicarte o defenderte innecesariamente. Una posible respuesta podría ser: «No estoy buscando culpables, estoy tratando de hablar sobre algo que me afecta y que necesitamos resolver juntos. Si seguimos desviando el tema hacia lo que crees que yo soy o no soy, no vamos a avanzar».

Si la persona insiste en centrarse en ti en lugar de en el problema, debes tomar nota de esta dinámica, ya que podría ser una señal de que la comunicación no es recíproca ni respetuosa. A largo plazo, esto puede generar un patrón con el que sientas que expresar tus emociones o necesidades no es seguro ni bien recibido.

IMPACTO EMOCIONAL
SI EL PATRÓN PERSISTE

Cuando alguien constantemente desvía la atención hacia ti en lugar de abordar el problema real:

1. **Te enseña a callarte.** Con el tiempo, empiezas a evitar expresar tus emociones o preocupaciones porque sabes que la conversación terminará en ataques hacia tu persona.
2. **Te hace dudar de tu percepción.** Puedes empezar a preguntarte si realmente eres tú el problema, incluso cuando tus necesidades sean completamente legítimas.
3. **Fomenta resentimiento.** Al no resolverse los problemas, los conflictos no desaparecen, sino que se acumulan y generan más distancia emocional.

¿Qué hacer si esto se vuelve recurrente?

Si este tipo de dinámicas se repiten, es fundamental:

1. **Reafirmar tus límites.** Mantente firme en reconducir la conversación hacia el problema, no hacia ataques personales.
2. **Evaluar la relación.** Pregúntate si esta persona está dispuesta a comunicarse de forma sana o si este comportamiento es un patrón que refleja falta de respeto hacia ti.
3. **Buscar apoyo externo.** Hablar con un psicoterapeuta o con personas de confianza puede ayudarte a validar tus emociones y explorar cómo abordar estas situaciones de manera efectiva.

Este tipo de situaciones son un recordatorio de que mereces relaciones en las que tus emociones y necesidades sean respetadas, y no utilizadas como herramientas de manipulación.

Yo te muestro todo esto porque entiendo que, a veces, salir de una relación así puede ser complicado y que el discurso de «ahí no es», ya lo tienes más que machacado y te resulta insuficiente. Pero cuando tú no te dejas condicionar por el bicho, no reaccionas de manera desgastante, no permites que esas dinámicas te coman, empiezas a ver con mayor objetividad.

Cuando decides no formar parte de la dinámica manipuladora o desgastante, estás practicando **desidentificación emocional.** Esto significa que ya no te ves atrapada en el ciclo de acción-reacción que perpetúa el conflicto.

Al pausar, respirar y decidir desde un lugar de calma, logras desactivar al bicho emocional que te empuja a defenderte o justificarte. Este distanciamiento no significa que ignores lo que sientes o que invalides tus emociones. Al contrario, es una forma de autorregulación que te permite mirar la situación, y ver con claridad lo que está ocurriendo. Esto es clave porque, al no dejarte arrastrar por la dinámica, puedes notar cosas que antes estaban nubladas por la carga emocional.

Por ejemplo:

- Puedes ver cómo la otra persona evita enfrentarse a sus propias acciones.
- Puedes identificar patrones de manipulación que antes te atrapaban.
- Puedes evaluar si esa relación realmente está alineada con lo que necesitas y mereces.

Este proceso también tiene un efecto liberador: al no involucrarte en dinámicas tóxicas, te reafirmas como alguien capaz de gestionar sus emociones, y esto fortalece tu confianza en ti misma. **Empiezas a notar que tienes más control sobre tus respuestas que sobre las acciones del otro, y ese cambio de enfoque te devuelve sensación de autoeficacia, lo que repercute en tu autoestima.**

Pequeña anotación: la autoestima no es un ente aislado. Cuando se trabaja la autoestima, también se trabaja el autoconcepto y la autoeficacia. Esto es algo en lo que, en Hartita, hacemos mucho hincapié y, por eso, aquí te hablo también de ello.

Además, algo que necesitamos, y mucho, en estas situaciones, es ese distanciamiento emocional que facilite el **pensamiento crítico objetivo,** una habilidad que te permite analizar la situación con claridad, sopesando hechos y no solo emociones. Esto es crucial para tomar decisiones conscientes y cuidadosas, sin sentirte arrastrada por las circunstancias.

¿Pero hacer esto es positivo?

Yo ya soy perro viejo en esto y sé que muy probablemente te estés haciendo esta pregunta.

La respuesta es sí, este proceso de **distanciamiento emocional**, **autorregulación emocional** y **pensamiento crítico objetivo** es profundamente positivo, tanto a nivel personal como en las relaciones. ¿Por qué es positivo?

1. Te protege emocionalmente

- Al no involucrarte en dinámicas manipuladoras, evitas el desgaste emocional que viene de intentar justificarte, defenderte o caer en ciclos de discusión.
- Esto reduce el estrés y la ansiedad, protegiendo tu bienestar.

2. Fomenta el autoconocimiento

- Al observar cómo reaccionas y cómo el otro se comporta, empiezas a identificar patrones emocionales tuyos y de los demás.
- Te vuelves más consciente de tus límites, necesidades y valores.

3. Refuerza tu autoestima

- Decidir cómo actuar desde un lugar consciente en lugar de reaccionar desde la herida o el impulso te da una sensación de control personal.
- Esto te recuerda que tienes el poder de elegir y no dejas que las acciones del otro determinen tu valía.

4. Genera claridad

- Al salir del *ruido* emocional, puedes ver las cosas como realmente son, sin distorsiones. Esto te ayuda a tomar decisiones más acertadas y alineadas con lo que necesitas.

- Identificas si esa relación o situación es saludable o no para ti, sin depender de impulsos emocionales.

5. Evita perpetuar dinámicas tóxicas

- Cuando eliges no participar en un patrón manipulador, también interrumpes el ciclo tóxico. Esto puede obligar al otro a reflexionar sobre su propio comportamiento o, al menos, desvía el poder que esa dinámica tenía sobre ti.

6. Te prepara para el futuro

- Este proceso fortalece tus habilidades para gestionar conflictos y tus emociones en futuras relaciones o interacciones, ya sean personales o profesionales.

Un matiz importante

Es cierto que es muy positivo, pero también es crucial entender que no significa «soportar» indefinidamente relaciones tóxicas o aceptar dinámicas abusivas. El objetivo es **observar con objetividad** para tomar decisiones informadas, no justificar o tolerar comportamientos dañinos. Si la otra persona sigue con patrones irrespetuosos o manipuladores, este distanciamiento emocional te da la claridad para salir de la relación si es necesario.

Así, en lugar de desgastarte en un ciclo de conflicto que no avanza, puedes decidir cómo actuar con firmeza y respeto hacia ti misma. Este cambio no solo impacta en la relación actual, sino que transforma la forma en que te relacionas contigo misma y con los demás.

Y aunque el discurso de «ahí no es», ya lo tengas muy quemado, igualmente te lo diré: ahí no es. Desde luego no es el lugar donde me gustaría que estuviese mi hermana, mi amiga, mi paciente, ninguna de mis hartitas y, por supuesto, tampoco tú. Pero soy consciente de que a veces no estás preparada para tomar la decisión de irte así, de sopetón, y para ganar seguridad, estos pasos son necesarios.

CUANDO LA CULPA INUNDA NUESTRA MENTE

Aun así, aunque esto lo tengamos muy claro, es inevitable preguntarnos hasta qué punto esa persona tiene razón y soy yo la que provoca este problema o distanciamiento entre nosotros.

Hasta qué punto, mi forma de defenderme, de expresarme o mis heridas, condicionan su respuesta.

Esto nos pasa a todas las personas que tenemos intención real de cambiar y que somos conscientes no solo de nuestra parte, sino que intentamos contemplar la del otro. Pero, a veces, no todo depende de lo que nosotras cambiemos o intentemos ver, el entorno donde nos movemos también tiene que cambiar algo para que nuestro trabajo dé sus frutos. Esto es como cuando trabajas la gestión emocional de la ansiedad en el contexto familiar, pero tu familia sigue presionando, invalidando o maltratándote. Francamente, es muy difícil que tú, Fulanito, Menganito y yo, podamos sentirnos bien ahí, recibiendo ese trato por mucho trabajo personal que hagamos.

Porque a lo mejor sí,
soy todo eso que dice de mí
y a la vez nada,
porque un pensamiento
(y más uno ajeno) no me define.

Hoy puedo actuar así, pero mañana
puedo decidir hacerlo de otra manera.

Lo que nunca haré será hacerlo
de una forma que me invalide.

Te diría que no te dejases definir por estas opiniones y buscaras una comprensión más profunda de ti misma y lo haremos juntas, pero ¿a quién vamos a engañar?, a mí me cabrean mucho ese tipo de mensajes porque es francamente difícil conseguir que esas palabras no tengan un impacto inicial, aunque después te resbale. Siempre va a picar como lo hace la sal en la herida o un tortazo con la mano abierta y siempre nos hará replantearnos lo que hemos hecho. Sobre todo cuando viene de alguien a quien queremos, de alguien que se presupone que nos quiere, de alguien que en principio debería cuidarnos o, incluso, de nosotras mismas.

Y es que, a veces, somos nosotras mismas quienes nos infligimos mayor crueldad y castigo. Esto es una forma aprendida de intentar *regularnos,* pero que en realidad no promueve un cambio positivo. No siempre necesitamos que otros nos invaliden; ya lo hacemos nosotras mismas, condicionándonos antes de darnos la oportunidad de reflexionar si realmente nos hemos equivocado y cómo podríamos modificar nuestra respuesta sin añadirnos etiquetas que dificultan ese cambio.

No es lo mismo decirte: «Vale, ¿por qué he reaccionado así? ¿Qué me ha dolido? Es normal que me duela, pero quizás no me gusta tanto como me veo en esta situación. Puedo trabajar en ello y cambiarlo», que decirte: «¿Por qué he tenido que reaccionar así? Siempre me pasa lo mismo, soy demasiado impulsiva... No debería haber dicho nada. Normal que me pasen estas cosas».

La primera forma de hablarte te invita a reflexionar y crecer. La segunda, a castigarte y perpetuar una narrativa negativa sobre ti misma.

El mayor esfuerzo que necesitamos hacer para cambiar patrones de pensamiento y ese discurso interno tan crítico es **reconocer y confrontar esos patrones profundamente arraigados.** Preguntarnos:

- ¿Dónde aprendí que equivocarme debía llevar al machaque emocional?
- ¿Cuándo empecé a tratarme así?
- ¿En qué momentos suelo hacerlo?
- ¿Para qué me sirve este castigo interno?
- ¿Qué sentido tiene añadirme este sufrimiento si ya estoy pagando las consecuencias de mi error?

Suena a que va a costar, ¿verdad? Y tienes razón. Cuesta muchísimo tratarnos como quizás nadie nos trató o lo hicieron muy poco. Cuesta cuando no tenemos una guía que nos enseñe cómo hacerlo. Irás paso a paso.

De momento, quédate con esta idea:

Equivocarte
ya es suficiente.
No necesitas castigarte de más.

¿CÓMO AJUSTAR NUESTRO GPS EN LAS DISCUSIONES?

Desde muy pequeña escuché eso de:

«En todo matrimonio se sufre, procura ser tú la que menos sufra».

Fíjate que este mensaje lo recibió mi madre del notario, cuando firmó las escrituras de la casa en la que me crie. Ella acababa de casarse, con veinticuatro años, mi padre tenía veintisiete, y a mí y a mis hermanas nos tuvieron ya en la treintena. Mi madre convivió con ese mensaje en su mente durante casi diez años, y después pasó treinta más, mostrándonoslo como la enseñanza más importante de su vida.

Cuarenta años con ese pensamiento, viviendo una realidad en la que ella sentía que era la que más sufría de los dos. Sin embargo, si le preguntas a mi padre, reconoce el sufrimiento de mi madre, pero él considera que ha sido el que más sacrificios ha hecho y más dolor ha padecido.

Es curioso cómo una vida entera compartida, donde han madurado juntos, puede verse desde puntos tan distintos y a la vez tan parecidos. Como estar sujetando la misma cuerda, cada uno en un extremo. Y esa cuerda, con el tiempo, pesa y mucho y más si luchamos por ver quién tiene más fuerza.

Ahora bien, ¿qué habría pasado si el mensaje hubiese sido diferente? Imagina que el notario le hubiera dicho: «En todo matrimonio se sufre, procura ser tú el que cause menos daño». Y ya no solo el notario, la sociedad en general, porque esa frase es solo un atisbo de cómo nos enseñan a interpretar las relaciones.

Este cambio parece pequeño, pero habría tenido implicaciones significativas. Centrarse en minimizar el daño que causamos al otro, en lugar de sobrevivir al daño que recibimos, teniendo en cuenta de que **todos** tenemos la capacidad de hacer daño porque somos humanos y no semidioses; y que, incluso, podemos dañar a los que queremos, introduce un enfoque completamente distinto en las relaciones.

Habla de responsabilidad, de empatía y de cuidado mutuo. Sin embargo, incluso esta frase sigue colocando el sufrimiento como un eje central, como si no hubiese una alternativa a esa dinámica de dolor.

Yo pienso mucho en esto. Cuando el mensaje es «procura ser tú la que menos sufra», se coloca a la persona en una posición reactiva, casi pasiva, donde el objetivo es aguantar, resistir y protegerse de lo inevitable. Este enfoque alimenta un modelo de relación basado en la supervivencia emocional más que en el crecimiento mutuo. Enseña a priorizar la autodefensa, pero a menudo a costa de descuidar la conexión y la complicidad con la pareja.

Por otro lado, si el mensaje fuera «procura ser tú el que cause menos daño», el foco se desplaza hacia la acción, hacia el impacto que nuestras decisiones y comportamientos tienen en el otro. Este mensaje invita a cuestionarse: ¿Cómo puedo cuidar esta relación? ¿Cómo puedo comunicarme mejor, ser más considerado y constructivo? Pero también puede generar una trampa: ¿qué pasa si esa responsabilidad de *no dañar* recae siempre sobre una de las partes? Si bien fomenta la empatía, también puede alimentar dinámicas desequilibradas en las que una persona asume constantemente la carga de mantener la armonía.

En cualquiera de los casos, ambos mensajes nos muestran cómo el dolor se normaliza como parte de las relaciones. Pero ¿es necesario asumir que sufriremos para poder construir un vínculo sólido? ¿Qué pasaría si cambiamos la narrativa por algo más liberador, algo como: «En todo matrimonio habrá desafíos, procura ser tú el que aporte más amor y cuidado»?

Desde esta perspectiva, dejas de ver el sufrimiento como el centro y se reemplaza por el compromiso mutuo de crecer juntos. En lugar de aguantar o evitar causar daño, se trata de construir un espacio donde ambos podáis expresar vuestras emociones, aprender de los conflictos y trabajar en equipo para superarlos.

Este enfoque no solo transforma la dinámica de pareja, sino también el modelo que transmitimos a futuras generaciones.

Al final, es importante cuestionar estas enseñanzas que nos llegan casi como dogmas. Porque, aunque mi madre vivió con ese mensaje grabado a fuego, yo creo que es posible aspirar a algo más que sobrevivir al sufrimiento en las relaciones. Y quizás la clave no está en evitar el daño o minimizar el dolor, sino en aprender a sanar juntos cuando inevitablemente suceda.

Esto nos puede parecer algo idílico, pero poco posible. Y ahí volvemos a tener el foco en el dolor, algo que sí es parte de la vida y cuanto antes lo aceptemos, mejor, pero recuerdo esta frase que me dijo mi pareja hace unos años: «Te voy a cuidar, siempre que me permitas hacerlo».

Parece una frase muy simple, pero está plagada de intenciones y de límites. Porque yo voy a poder cuidarte, siempre que ese cuidado sea para construir una felicidad conjunta, no para alimentar una relación disfuncional. El foco está en el cuidado, en la intención de valorar y tratar bien algo que es importante para ti. También lo está en disminuir ese dolor que la vida trae consigo.

Pero cuando no hacemos lo mismo, no me permites cuidarte. ¿Cómo puedo cuidarte si tus palabras y tus acciones son ataques o me hacen aún más daño? Porque, aunque el amor es inmenso, no puede florecer donde hay fuego.

Cuidar a alguien también significa saber cuándo dejar de intentarlo. Puesto que el cuidado no puede convertirse en una excusa para perpetuar dinámicas que te destruyen, que agotan tu energía emocional o que te alejan de tus propios valores y necesidades. En ese punto, cuidar también implica cuidarte a ti misma.

El aprendizaje aquí no está en evitar el dolor a toda costa, sino en reconocer cuándo ese dolor es parte del esfuerzo natural de construir juntos y cuándo se ha convertido en el eje de la relación. No se trata de sobrevivir al sufrimiento, sino de decidir juntos cómo lo enfrentamos y cómo, desde esa experiencia, podemos crecer y madurar juntos.

Al final, el cuidado es el reflejo de la intención de proteger algo que valoras. Es decir: «Te elijo, y me elijo también». Es la promesa de construir un espacio donde el daño no sea el eje, sino la excepción; donde el amor no sea una carga, sino una elección diaria que nace del respeto mutuo y del compromiso.

NO CUIDAR LO QUE TE IMPORTA NO SIEMPRE ES SINÓNIMO DE DESINTERÉS

También quiero decir algo muy importante que me ha enseñado la vida: hay personas que no cuidan lo que tienen, no porque no les importe, sino porque no saben cuidarse a sí mismas. Esto es algo que va más allá de las relaciones: se refleja en muchas áreas de la vida.

1. La amiga talentosa que siempre deja todo a medias

Piensa en esa persona que tiene un talento increíble, ya sea para escribir, pintar o emprender proyectos. Ves el potencial en su trabajo, incluso puede entusiasmarse cuando habla de sus ideas, pero nunca termina lo que empieza. ¿Por qué? Porque tal vez le cuesta creer en su capacidad para llevar algo a buen puerto. Puede sentir que no es lo suficientemente buena o tener miedo al fracaso. No es que no valore eso que hace y le ilusiona, sino que no sabe cómo gestionarlos porque, en el fondo, no sabe gestionar sus propios miedos e inseguridades.

2. La compañera de trabajo que no avanza profesionalmente

Todos hemos conocido a alguien en el trabajo que parece desmotivado, que no cuida sus tareas o que deja pasar oportunidades que podrían beneficiarle. No es que no le importe su trabajo; a menudo, puede sentir que no está a la altura, que no tiene el control o que las expectativas son demasiado altas. Esa falta de cuidado no es desinterés, es incapacidad para lidiar con la presión o para organizarse emocionalmente frente a sus responsabilidades.

3. La persona que no cuida su salud

Está la persona que siempre dice que quiere comer mejor, hacer ejercicio o dormir más, dejar de fumar, pero sigue cayendo en hábitos poco saludables. Tal vez incluso se preocupe por su cuerpo o su bienestar, pero no sabe cómo priorizarse en su día a día. Es posible que su falta de cuidado personal venga de un agotamiento emocional o de patrones aprendidos que no le enseñaron a cuidar de sí misma. No es que no le importe su salud, es que no sabe cómo cuidarla mientras lidia con todo lo demás.

4. La amiga que se aleja sin razón aparente

Y qué decir de esa amistad que un día empieza a distanciarse, no responde mensajes o evita planes. No es que no valore la amistad; puede estar atravesando un momento en el que se siente incapaz de conectar, tal vez porque está lidiando con problemas personales que ni siquiera sabe cómo explicar. Su alejamiento no es falta de interés, sino una señal de que está perdida en su propio mundo y no sabe cómo salir de él.

Poder interpretar ciertas situaciones de esta manera, no solo alivia esa sensación de no ser suficiente tú, también es una narrativa más amable y realista. Porque el problema no siempre es la falta de importancia que le dan a lo que tienen, sino la desconexión con ellas mismas. No saben cuidarse emocionalmente, y eso les impide cuidar las cosas que realmente valoran.

Por eso, no siempre hay que interpretar el descuido como desinterés. A veces, es un reflejo de una batalla interna que ni siquiera esas personas saben cómo pelear. Y lo más importante: en esos casos, no podemos cargar con la responsabilidad de enseñarles a cuidarse. Porque cuidar algo externo requiere primero un cuidado interno, y ese viaje es personal e intransferible. Lo que podemos hacer, es cuidar a esa persona siempre que nos permita hacerlo.

He creído relevante mencionar todo esto antes de hablar de las discusiones, para que podamos centrarnos en la importancia del cuidado, sin perder el autocuidado. Pero ahora sí, vamos a hablar de las discusiones.

¿DISCUTIR NOS CONECTA O NOS DESCONECTA?

Podemos no estar de acuerdo, pero en el momento en el que recurrimos a descalificaciones, nos impedimos solucionar el problema. Dejamos de discutir y empezamos a pelear.

Es importante observar esta diferencia porque es clave para construir una relación sana o transformar la que ya tenemos en una más saludable. Cuando estamos bien, estamos genial juntos; pero lo malo tiende a materializarse en el conflicto, ese espacio donde podemos tanto destrozarnos y distanciarnos como hacer todo lo contrario.

En una relación sana, las discusiones son inevitables, y no deberían ser motivo de alarma. De hecho, son necesarias. El propósito de una discusión no es ganar, sino resolver un desacuerdo, establecer límites, mejorar la comprensión mutua y, en última instancia, fortalecer la relación encontrando soluciones constructivas.

Esto no significa que las discusiones sean siempre fáciles. En ellas también se llora, se expresa enfado y, a veces, incluso podemos sentir ganas de tirar la toalla, especialmente cuando el problema requiere un esfuerzo considerable y genera mucho malestar. Sin embargo, el objetivo sigue siendo abordar las emociones y trabajar juntos hacia una resolución.

Un inciso importante

No recurras a descalificaciones ni caigas en el patrón de «romperlo todo» en pleno acaloramiento. Tampoco discutas desde el miedo a expresar lo que sientes por temor a que la otra persona amenace con dejarte. Este tipo de dinámicas no solo perpetúan los conflictos, sino que también generan una acumulación emocional que puede llevar a un punto de no retorno, en el que simplemente no veas posibilidad alguna de encontrar una solución y te rindas.

Como decía, hay problemas que cuesta más solucionar, sobre todo cuando nuestras perspectivas al respecto son radicalmente opuestas o cuando sentimos lo mismo o lo vemos de una forma similar, pero ambos tenemos un sentimiento de incomprensión o sensación de estancamiento. Aquí hablamos de relaciones sanas.

Ninguna de estas dos situaciones es insuperable.

Por un lado, cuando tenemos **perspectivas radicalmente distintas,** podemos llegar a conflictos abiertos en los que el principal desafío es la dificultad para encontrar puntos comunes en cuanto a valores, creencias y objetivos, dificultad para comprometerse porque nos cuesta llegar a un terreno común y falta de empatía.

Y, por otro lado, cuando tenemos perspectivas muy similares o nos sentimos ambos cansados por el mismo problema o nos duele de forma similar, se puede ir generando una desconexión emocional silenciosa. Podemos quedarnos paralizados sin saber a quién le toca dar el paso o cómo salir del estancamiento, podemos tener unas expectativas implícitas que el otro *debería* comprender sin necesidad de comunicación explícita y con las que, a pesar de nuestras similitudes, ambos nos sintamos poco entendidos o valorados.

Ante esto, es más fácil tender a desacreditarnos o reprocharnos, que hacer un esfuerzo consciente de ambas partes por entender y valorar al otro. Lo que suele pasar es que, al final, se hace tanta bola, que es muy difícil gestionarlo porque también hay mucho daño implicado.

LA IMPORTANCIA DE ESTABLECER DINÁMICAS SANAS DESDE EL PRINCIPIO

Muchas veces, atendemos los conflictos iniciales de pasada, le quitamos importancia para poder seguir con esa persona, porque nadie nos ha dicho nunca lo importante que es establecer una dinámica en las discusiones desde el principio. Y con eso me refiero a hablar sobre la manera en la que nos comunicamos en las discusiones, lo que necesitamos que el otro cuide durante ese momento y el asegurarnos de que la intención y el esfuerzo que vamos a hacer cada uno de nosotros, no está enfocada en hacer daño al otro ni en tener razón, ni en ganar.

Te pongo un ejemplo: para mí, gritar en una discusión era algo completamente normalizado. Soy consciente de que es violencia, pero aun sabiéndolo, nunca me había topado con nadie que no discutiese de esa manera hasta que conocí a mi pareja actual y vi que solo el hecho de gritar, que para mí era la forma de desenvolverme en una discusión, le hacía daño. Literalmente vi el daño en su rostro y paré en seco. Ahí es donde conecté lo que sabía (que gritar era violencia) con el daño que provoca ese tipo de violencia.

Parece muy obvio, pero cuando tienes algo supernormalizado, no te das cuenta de estas cosas, ni siquiera de que tú misma también las has sufrido. Es una dinámica que te parece natural.

Relacionas el discutir con no sentirte escuchada y con la necesidad de defenderte. Incluso cuando sí estás siendo escuchada y no tienes esa necesidad, tu mente y tu cuerpo notan el conflicto y disparan sus herramientas para gestionarlo como aprendió en su momento a hacerlo.

CAMBIAR PATRONES REQUIERE DE EMPATÍA MUTUA

Para cambiar esto, fue necesario que empatizásemos el uno con el otro. Que se comunicase ese daño, que asentásemos unas bases relacionadas con los tiempos, los momentos o el espacio que cada uno necesitábamos, nos recordásemos que nos queremos y que las intenciones no son algo que deba tener en cuenta el otro para tolerar mejor mis formas, sino algo que yo debo tener en cuenta para cambiarlas. Que mi intención y mi acción sean cada vez más congruentes. O que en mi intención, como os digo, incluya no hacer daño a esa persona. Porque yo sabía que estaba haciendo daño, pero no lo hacía con esa intención, porque no contemplaba el cuidarle o protegerle dentro de todas las intenciones que tenía al discutir con él.

Aun así, también te digo que mi respuesta fue: «Siento muchísimo haberte hecho daño, las próximas veces intentaré no gritar, pero algún que otro grito te vas a tragar».

Lo cierto es que su comprensión me ayudó a no volver a gritar en una discusión. Pero es necesario que ambos seamos conscientes de que los conflictos van a surgir, que no por solucionar uno hemos logrado que no aparezcan otros más. Necesitamos prepararnos para poder discutir bien, porque pensar que no discutiremos nunca más, es colocar unas expectativas en nuestra relación totalmente inalcanzables. Y también son cruciales estas dos cosas:

1. **Tolerancia y comprensión.** Hay que entender que cambiar los patrones de comportamiento es complejo cuando están muy arraigados y no podemos tampoco exigirle a esa persona que los cambie radicalmente sin ofrecerle un mínimo de comprensión, tolerancia y paciencia. (Ojito porque hay líneas rojas con las que ni comprensión ni nanay de la China hay que tener).
2. **Entender el trasfondo del otro.** Necesitamos conectar con las experiencias vitales y vinculares de la otra persona, pero no para justificar su comportamiento, sino para entender el dolor y la carga que trae consigo y aquello que puede ser un disparador para intentar, en la medida de lo posible, no tocar donde duele y que sea más sencillo llegar a acuerdos e incluso determinar si podemos ser compatibles, pero no solo con relación a experiencias vinculares, también a personalidad y horizonte vincular.

¿CÓMO ME DEFIENDO?

Ahora es importante que aclaremos un tema pendiente: la diferencia entre discutir y pelear.

En Hartita, algo en lo que me propuse hacer mucho hincapié es las herramientas que necesitamos para gestionar bien los conflictos por ambas partes y en saber cuándo volver a dar otra oportunidad y cómo identificar si esa oportunidad va a servir para vivir más de lo mismo o no.

Todo eso y más lo recopilé en una colección que se llama «Problemas de pareja». Lo recomiendo muchísimo, porque es mejor atender y prevenir los problemas antes de que el daño sea demasiado grande.

Para mí, la mejor psicología, siempre será la preventiva. Incluso cuando ya hay mucho daño hecho, necesitamos saber cómo evitar que la herida sea más profunda.

Y sí, todas pensamos que sabemos exactamente cómo hacerlo, pero por mi experiencia como psicóloga, y después de ver mil experiencias de todas mis Hartitas, te aseguro que no, no lo tenemos tan claro.

Dicho esto, nos hemos estado ciñendo a que la discusión sea lo más sana posible y que llegue a buen término (sin un gran daño emocional).

Pero una pelea suele surgir en la mayoría de los casos cuando nos desentendemos de un problema o evitamos nuestra responsabilidad en el vínculo. Esto puede ser por muchísimos factores, pero desentendernos ya sabemos que no sirve para solucionar nada y sí sirve para iniciar una confrontación emocional.

Cuando no queremos atender un problema porque queremos paz y tranquilidad, es lógico ver a la persona que sí lo quiere afrontar como el problema. Porque siento que él o ella es quien me está quitando esa paz. Pero, a la vez, evitarlo, que no postergarlo, ignorar a esa persona, incluso señalarla como la culpable, le quita esa misma tranquilidad que yo intento tener y que me dé. Si además lo hago de forma sistemática, lo que nos encontramos es con una relación de poder: decisiones unilaterales, manipulación emocional, comportamiento controlador y desigualdad en la comunicación, entre otros.

Si no nos comunicamos, nunca nos entenderemos. Discutir es reflexionar y buscar soluciones juntos y por separado. Pelear es el resultado de ignorarnos y llenarnos de rencor y resentimiento por no sentirnos vistos.

Tanto las discusiones como las peleas se inician a partir de una confrontación emocional, pero hay diferencias clave.

- **Al discutir,** hacemos un esfuerzo consciente por resolver un problema, por expresar nuestro punto de vista con el foco puesto en no dañar al otro. Aunque haya tensión, la discusión se mantiene dentro de límites razonables, y el objetivo es encontrar una solución. Intentamos que las emociones no dominen nuestra conducta.
- **Cuando peleamos,** sentimos emociones muy intensas que pueden escalar rápidamente.
  - Existe un desencadenante emocional, un comentario, acción o situación que provoca una reacción emocional fuerte como sentirnos heridas, ignoradas o atacadas.
  - Da paso a una respuesta emocional en la que, a menudo, emociones como la ira, los celos, la frustración o la tristeza, no están bajo nuestro control.
  - Dichas emociones se verbalizan o expresan a través de acciones, a veces fuera del contexto de la discusión. (A veces no solo lloramos por esto de lo que hablamos, sino por toda una vida).
  - Podemos entrar en fase de escalada si la otra persona responde de manera defensiva o igualmente emocional y la situación puede escalar a una pelea o una confrontación más seria.
  - El foco está más en ganar o dominar que en solucionar el problema.

Todos nos acaloramos en las discusiones y, por eso, muchas de ellas se transforman en peleas. Pero la diferencia clave entre un tipo u otro, está en el manejo de esas emociones y la capacidad de ambos para comunicarnos de manera efectiva y respetuosa.

Esas emociones tan intensas te podrían llevar a querer decirle de todo (insultos, gritos, comportamiento agresivo) cuando hay un desencadenante y una emoción subyacente que no está siendo contemplada ni atendida. Quizás tú ibas tan pichi a comunicarle algo o puede que fueses con un cierto miedillo o angustia ante un posible conflicto o conversación incómoda y lo que hayas recibido sea un zasca.

Lo explico un poco mejor:

Desencadenantes emocionales

Si vienes de Hartita, ya sabes que a esto lo llamo *triggers* (disparadores). Lo que, como su nombre indica, puede disparar todo un patrón de defensa por una herida anterior o reciente. Un disparador puede ser, por ejemplo, cuando te sientes ignorada porque alguien no responde a tus mensajes rápidamente. Esto puede disparar ese miedo a que te vuelvan a hacer ghosting, a sentir que no eres suficiente o una prioridad, te puede conectar con experiencias pasadas como infidelidades o falta de compromiso... Por lo que esa acción, para ti, es un disparador.

Se trata de identificar las situaciones, comentarios o acciones que provocan una respuesta emocional intensa en ti o en la otra persona.

Emociones subyacentes

Esos disparadores, en algún momento, se crearon por pura supervivencia. Para defenderte de un daño emocional (de algo o de alguien), por lo que el desencadenante dispara esa reacción, pero no es A y B, pasa por muchos lugares a cámara rápida y reaccionas. Sin embargo, a veces, no contemplamos **nuestro** contexto en su conjunto, donde se incluyen nuestras heridas. Si tocas la tecla correcta, puede surgir un cúmulo de emociones como inseguridad, miedo... Es importante que lo identifiquemos para que no tomen el control.

No estoy loca, es que, a veces,
me defiendo por toda una vida
o por un cúmulo de cosas
que no se han gestionado a tiempo
y no solo por lo que pasa aquí y ahora.

¿Esto significa que tengo menos razón o derecho a la hora de que algo me moleste?

No. Esto significa que quizás he adquirido ciertos patrones que se disparan cuando aparece un miedo o una emoción que puede que haya identificado o puede que no. Puede que tenga un cúmulo de emociones subyacentes que se han hecho bola y termino explotando porque el cuerpo, ante la falta de gestión emocional y ante la censura, termina haciendo por ti, lo que tú no has hecho antes: liberar energía acumulada y no siempre ni de la mejor manera, ni la más amable, ni la más beneficiosa.

Entonces mis acciones, incluso cuando dañan a otra persona, ¿tienen sentido?

Todo tiene un porqué si lo analizamos de principio a fin y hacemos consciente aquello que quizás es más invisible, pero eso no nos exime de responsabilidad. Puede que adquiriese este patrón como forma de supervivencia por todo el daño emocional que estaba recibiendo o que estoy recibiendo ahora. Puedo ser víctima, reconocerme como tal y quizás ver que funciono más en piloto automático de lo que creía, por lo que, parte de mi responsabilidad es cuidarme, cuidar de esas heridas, de lo que me importa y quién me importa y poder decir cómo quiero ser y cómo quiero reaccionar independientemente de cómo se comporte el otro. Eso me va a dar perspectiva.

Es probable que para alcanzar el objetivo de tener una relación sana o una discusión que no termine en pelea, necesite nuevas herramientas para este espacio que necesitas construir, empezando por crear un espacio seguro dentro de ti para poder identificar mejor dónde puedes construir un espacio seguro fuera y dónde no. Y a partir de ahí, manos a la obra.

Vamos a ver un ejemplo de estos conflictos:

Hace unos días, Marta me contó en sesión algo que llevaba sintiendo desde hacía tiempo con José, su pareja. Me dijo: «Últimamente, siento que cualquier cosa que digo o hago le molesta. Si estoy de buen humor, le parece que exagero; si estoy callada, dice que tengo mal carácter. Parece que siempre encuentra algo para criticar».

Marta mencionó que el fin de semana anterior, mientras organizaban juntos las tareas de la casa, ella propuso una idea para repartir mejor las responsabilidades. José le respondió con un tono cortante: «Claro, porque tú siempre crees que lo sabes todo». Marta intentó explicarle que no era su intención criticarle, sino hacer las cosas más fáciles para ambos, pero él replicó: «No sé ni para qué lo intentas, siempre estás con esa actitud».

Esa respuesta fue la gota que colmó el vaso. Marta terminó callándose porque sintió que, hiciera lo que hiciera, José siempre encontraría algo negativo que decir. Al final, me confesó: «Ya no sé ni cómo comportarme con él. Me siento como si estuviera andando sobre cáscaras de huevo todo el tiempo, intentando no molestarle».

EL IMPACTO DE LAS DINÁMICAS DE DESCALIFICACIÓN CONSTANTE

Lo que Marta me contó refleja un patrón muy común en algunas relaciones. Cuando una persona está constantemente de mal humor o proyecta su frustración en el otro, puede crear una dinámica en la que todo se percibe como un problema.

Frases como: «Tienes un carácter horrible», «Siempre estás enfadada por algo» o «No sé cómo aguantarte a veces» son ejemplos de comentarios que no abordan el conflicto real, sino que descalifican al otro y desvían el foco hacia su personalidad o estado emocional. En lugar de resolver el problema, estas frases generan una atmósfera de constante tensión y autodefensa.

PETICIONES ASERTIVAS: CÓMO CAMBIAR EL ENFOQUE

En casos como el de Marta, propongo que intenten hacer peticiones asertivas para romper este ciclo.

Aquí tienes cómo podrían estructurarse:

1. **Describe el problema de forma neutral y objetiva**
    - En lugar de decir: «Siempre estás de mal humor y me haces sentir mal».
    - Podría decir: «Últimamente, siento que cuando hablamos, las conversaciones acaban siendo tensas, y eso me preocupa».
2. **Habla de tus emociones sin culpar al otro**
    - En lugar de decir: «Me haces sentir como si fuera un problema».

- Podría decir: «Cuando esto pasa, me siento confundida y no sé cómo actuar para que estemos bien».

3. **Haz una petición clara y específica**
   - En lugar de esperar que todo cambie mágicamente, podría decir «¿Podemos intentar hablar de esto cuando ambos estemos tranquilos?».
4. **Valida el esfuerzo o emociones del otro**
   - Podría añadir: «Sé que también puedes sentirte frustrado por otras cosas, y entiendo que no siempre es fácil mantener la calma. Pero quiero que podamos construir algo que funcione mejor para los dos».

¿QUÉ PASA SI LAS COSAS NO CAMBIAN?

Como Marta me dijo: «¿Y si intento ser asertiva y él sigue con lo mismo? Siempre me dice que soy la que tiene mal carácter, pero siento que él tampoco hace nada por mejorar».

Aquí entra una reflexión clave: cuando una relación perpetúa patrones de malestar sin ningún esfuerzo por parte de ambas personas, es momento de preguntarte si esta dinámica está alineada con lo que necesitas y mereces. Como le dije a Marta: «De nada sirve intentar hablarlo todo si las palabras y las formas van a seguir creando problemas. Pero tampoco sirve callarse por completo, porque entonces te estarías alejando de ti misma y de lo que realmente necesitas».

Un EJEMPLO práctico
para manejar estas situaciones

Marta decidió intentar una conversación asertiva después de otro momento tenso. Habían llegado a casa después de un día largo y José estaba visiblemente molesto por algo del trabajo. Marta intentó comentarle algo sobre un problema con la nevera, pero él la cortó: «¿Otra vez con tus problemas? No tienes suficiente con lo que ya tenemos».

En lugar de responder impulsivamente, Marta decidió respirar y seguir estos pasos:

1. ***Pausa para no reaccionar desde la emoción***
   Marta se tomó unos segundos para calmarse antes de responder, evitando alimentar el conflicto.

2. ***Reconoce el contexto***
   Le dijo: «Entiendo que estás cansado y que quizás no es el mejor momento para hablar de esto».

3. ***Haz una petición para retomar el tema en otro momento***
   Añadió: «¿Qué te parece si lo dejamos para después de cenar, cuando ambos estemos más tranquilos?».

4. ***Establece tus límites si es necesario***
   Finalmente, añadió: «Aun así, me gustaría que pudiéramos hablar sin que yo sienta que te molesto cada vez que digo algo».

No siempre será fácil cambiar dinámicas que llevan tiempo arraigadas, pero dar el primer paso para expresar tus necesidades de forma clara y respetuosa puede abrir la puerta a una comunicación más sana. Sin embargo, si el otro sigue perpetuando el malestar o descalificando tus intentos de mejorar la relación, recuerda esto: «A veces, el problema no eres tú, ni siquiera ellos. Simplemente, no estáis en el mismo lugar emocional para construir juntos».

TÓXICA, LA NUEVA FORMA DE LLAMARME LOCA

Me puedes llamar tóxica como nueva forma de llamarme loca porque ahora «loca» está socialmente mal visto y la gente ya empieza a defenderse de eso. Pero sigue siendo una forma de violencia hacia alguien, porque no hay gente tóxica. Lo tóxico son aquellas acciones que duelen y seguimos teniéndolas, aun sabiéndolo. Y lo tóxico es que, además, le hagamos sentir culpable o responsable por algo que he hecho yo.

Tóxico es aquello que es malo para la salud. Tomar lejía es tóxico porque te revienta los órganos y me imagino que duele a niveles estratosféricos. Que te mientan, te engañen, te manipulen, te humillen, te ignoren y mil cosas más, a diario, no tiene un efecto tan visible como la lejía en tu cuerpo, pero son conductas que también destrozan.

Pequeño inciso.

Esto me recuerda a Dorian Grey y cómo su alma en el cuadro se iba pudriendo. Y me lleva a preguntarme: ¿quién sería la imagen del cuadro de Dorian Grey, el que lo hace o el que lo recibe? ¿Qué alma, al final de los días, estará más desgarrada?

- **Yo te engaño y te miento**, pero tú eres la tóxica porque no se puede vivir con una persona desconfiando a cada rato.
- **Yo te dejo para luego**, para cuando se me quede un ratito libre, pero tú eres la tóxica porque no paras de demandarme atención y tiempo de calidad.
- **Yo rompo nuestro acuerdo de exclusividad afectiva**, pero tú eres la tóxica porque no paras de sacarme el tema de ponerme mala cara, de preguntarme lo que voy a hacer cuando salgo por la puerta...

Ahora cambia la palabra tóxica por loca, rara, desquiciada, lunática y, en definitiva, sigue siendo lo mismo, una forma de eludir la responsabilidad. No tiene sentido pensar que mis acciones no van a tener una repercusión en quien tengo al lado, en mis vínculos, que mi comportamiento, según cuál, no va a afectar al otro o no nos vamos a influir mutuamente.

Si hago algo bonito por esa persona, se va a notar y lo hago por eso. Cuando hago algo malo, también se nota y nos toca replantearnos por qué lo hacemos.

RELACIONES SANAS VS. RELACIONES TÓXICAS

Es probable que cuando buscas información sobre relaciones tóxicas y todo lo que las rodea, la intención sea convertir la relación que tienes, o la futura, en una relación sana. Para nuestra mente, sana es igual a felicidad, estabilidad, cuidado, apoyo y pertenencia. Pero para nuestra mente más consciente se traduce en: una relación que funcione y no me haga sufrir.

Si me sigues en redes o estamos juntas en Hartita, ya sabes que, para mí, una relación funciona aquí y ahora; cada día nos toca hacer que funcione, pero con límites, claro. Y una de las preguntas que más escucho en Hartita, y que suele surgir cuando estamos trabajando temas de responsabilidad afectiva para construir relaciones sanas, es esta:

«SI TE QUEDAS EN UNA RELACIÓN TÓXICA, SI LO PERMITES, ¿NO ERES IGUAL DE RESPONSABLE?»

Es una pregunta difícil, y entiendo el dolor que hay detrás, porque también me la he hecho a mí misma alguna que otra vez.

Reflexionando sobre esto, veo que hay dos elementos clave: por un lado, está la responsabilidad individual que todos tenemos para con nosotras mismas y para cuidar de los demás en una relación (sobre todo de nuestra capacidad para hacerles daño); por otro lado, está el contexto, y es imposible analizar nuestras decisiones sin entender el entorno en el que se toman.

Puedes estar teniendo una buena percepción de tus emociones, pero puede haber un pequeño desajuste o necesidad de ajustar la forma en la que interpretas o respondes a esas emociones. De ahí que a mis Hartitas les diga que su GPS emocional está bien, pero necesita recalibrarse. Porque a veces vemos las banderas rojas, pero no sabemos qué hacer con ellas. Y el foco se nos va a los cerros de Úbeda o, peor aún, con un ojo miramos lo que esa persona hace y nos cabreamos, pero el otro ojo nos mira a nosotras de forma acusatoria como si fuésemos responsables de lo que el otro hace mientras nos sentimos incapaces de hacer algo.

A no siempre lleva a B y cuando no tenemos en cuenta nuestro contexto, como diría mi abuela, te quedas *in albis*. Que viene a ser, no entender algo o quedarse sin saber qué hacer o qué decir. Te sientes confundida, desorientada o sin respuestas cuando lo que ves o lo que sientes es inesperado o incomprensible.

CUANDO LA DISONANCIA COGNITIVA TE PARALIZA

Alguien hace algo y te preguntas: ¿cómo es posible que no sepa lo mucho que duele lo que está haciendo?, pero, por otro lado, piensas que esa persona te quiere, porque te lo ha dicho o por lo que habéis compartido. El no saber, te paraliza, o más bien, es la disonancia cognitiva que se genera, lo que te deja helada por momentos.

Te muestro un ejemplo claro que compartió una persona en Hartita hace poco:

> *Chicas, estoy mal, el susodicho me está volviendo loca. Hemos quedado varias veces, ya os conté que, según él, había sido un flechazo, superintenso todo; todas las veces he ido yo a verle, se conoce mis horarios de curro y yo los de él y veo que desde entonces solo me propone*

planes que sabe que voy a rechazar por tema de horarios. Es como que deja en mí la responsabilidad de decir que no y no vernos porque le propongo otra cosa que se ajuste a los dos y no responde hasta que se ha pasado la fecha, pero luego me dice que le encantaría estar conmigo, abrazados, en la playa o irnos de viaje y que cuando necesite algo se lo pida, pero se lo pido y me da largas, le digo que venga a verme y me da largas, me dice que no me habla para no molestar o porque está ocupado, pero me adapto a sus horarios y tampoco escribe.

Le dije que era un bienqueda y me respondió que «igual no estoy acostumbrada a que me cuiden».

Tengo muchas heridas y yo creo que eso le está alejando, no sé, chicas, ¿qué pensáis vosotras?

Respuesta: «Pero, neni, ¿tú te sientes cuidada?».

Esa pregunta cambió el foco. Porque la clave no estaba en si el susodicho tenía buenas intenciones o no, sino en si ella se sentía cuidada y en si el contexto de la relación era coherente con lo que ella necesitaba. A veces, nos perdemos en justificar el comportamiento de la otra persona, pensando que nuestras heridas nos impiden valorar lo que recibimos, pero ¿y si lo que estamos recibiendo realmente no es suficiente?

DISONANCIA COGNITIVA

A lo mejor, ya sabes qué es esto de la disonancia cognitiva o puede que no, pero cuando tenemos dos o más creencias, valores, emociones o pensamientos contradictorios al mismo tiempo, se genera un malestar o tensión interna que es muy difícil de resolver, cómo le pasaba a esta Hartita. Por un lado, tienes una evidencia y, por otro, algo que contradice esa evidencia.

Dice que quiere verme
↔
Pero no tiene tiempo para mí.

Dice que quiere exclusividad afectiva
↔
Pero sigue coqueteando con otras personas.

Dice que soy su prioridad
↔
Pero suele poner el trabajo, amigos, etc., por delante.

Dice que tuvo un flechazo, pero su comportamiento es contradictorio. Quizás el problema no es que no pueda sentirlo y valorarlo, sino que no está recibiendo ese cuidado (el que él dice que no está acostumbrada a recibir). Si lo recibiese, puede que se sintiera abrumada, incluso insegura, desubicada o como si *no se lo mereciera.* Pero no manipulada, ansiosa, confundida, culpable o impotente. Puedes dudar de que ese cuidado dure y sea estable en el tiempo, dudar de si es lo que quieres o de si estás a la altura cuando has pasado por muchas relaciones un poco chunguis.

Pero ves que sus palabras y acciones dicen lo mismo. No algo totalmente distinto. No intentas buscar evidencias de ese cuidado o ese cariño, porque están claras, cristalinas. Lo ves como una oportunidad (que quizás quieras aprovechar o no, porque igual no es lo que realmente quieres, pero sabes que lo que te ofrece, es bueno), no buscas convencerte de que es una *buena oportunidad* basándote en algo que no se ha materializado o que lo ha hecho de forma extremadamente esporádica.

Para empezar, vamos a ser sinceras: lo que queremos creer es que nos quiere, que quiere esa relación de exclusividad afectiva (o el mismo tipo de relación que yo) y que soy su prioridad. Yo siento eso y quiero que él o ella también. No estoy loca, estoy intentando procesar esto y mi deseo es que se resuelva convenientemente para mí. Lógico.

Y nuestro cerebro no es tonto, va a buscar evidencias que hagan que la balanza pese más en el lado que yo quiero.

Necesito evidencias que hagan que el peso de la balanza esté colocado de forma estable, y no fijo en un lado o en otro, para tener claro qué hacer, cómo enfocarme, qué decisión tomar.

Esto es como cuando fumas y sabes que es malo para la salud (creencia), pero continúas fumando (comportamiento). La disonancia ocurre porque hay un conflicto entre el conocimiento de los efectos negativos y la acción de fumar. Y para reducir esa disonancia, tendemos a justificar el comportamiento («fumar me relaja») o tendemos a disminuir su consumo dependiendo de en qué lado de la balanza haya más peso. Bueno, pues cuando no quieres dejar de fumar, buscarás que la balanza pese más en el lado de seguir fumando que en el de dejarlo y si volvemos al tema de las relaciones, preferimos aferrarnos a nuestras creencias preexistentes, incluso si son contradictorias (he sido un flechazo, me siento bien cuando estamos bien), para evitar el malestar que me produce esta falta de coherencia y consistencia.

Nos contamos que esa persona está liada, es una mala época, el divorcio le ha dejado cansado y confundido, no sabe lidiar o expresar sus emociones, tiene mucho trabajo, quizás le pido demasiado, le hice daño y me lo merezco (aunque me lo devuelva por triplicado), está conmigo cuando puede (después del trabajo y de estar con todo quisqui, estoy yo)...

A corto plazo está de *puturrú de fua;* a largo plazo va a ser tremendamente perjudicial. Y así es como poco a poco nos vamos desvinculando de nosotras mismas. Ese malestar nos lleva a buscar justificaciones para que lo que sentimos tenga sentido. Estas justificaciones pueden aliviar momentáneamente la disonancia, pero es como intentar equilibrar una balanza, cargando siempre el lado que justifica lo injustificable.

DIFERENCIAR ENTRE QUIENES ESTÁN DISPUESTAS A CAMBIAR Y QUIENES NO

Si vas a dar más oportunidades, ten en cuenta esto.

Cuando estamos en una relación interpersonal, ya sea romántica, familiar o de amistad, enfrentamos situaciones en las que las acciones de la otra persona pueden causarnos malestar o conflicto. En esos momentos, la clave está en observar **cómo esa persona maneja la situación** y si está realmente dispuesta a hacer algo para mejorar.

Personas dispuestas a cambiar

No solo escuchan, sino que *actúan*. Aquí tienes algunas características clave:

1. **Reconocen el impacto de sus acciones**
   - No minimizan tu malestar ni buscan excusas. Si les dices que algo que hicieron te dolió, lo reconocen: «Entiendo que te hice sentir así, lo lamento».
   - Son capaces de empatizar con tus sentimientos y ponerse en tu lugar.
2. **Van más allá de explicar el porqué**
   - Explicar el contexto de sus acciones puede ser útil, pero no se quedan en eso. No usan el «lo hice porque...» como una excusa para justificar su comportamiento. En cambio, buscan reparar el daño: «Lo hice por..., pero entiendo que no estuvo bien y quiero trabajar en ello».
3. **Proponen cambios concretos**
   - Te dicen qué harán para evitar que esto se repita. «Sé que he llegado tarde varias veces, así que voy a organizar mejor mi tiempo para que esto no vuelva a pasar».
4. **Se comprometen con la acción**
   - No solo prometen, sino que demuestran con hechos. Sus palabras están alineadas con su comportamiento en el tiempo.

Por ejemplo, si dicen que cambiarán algo, empiezan a hacerlo desde el día siguiente.

5. **Mantienen una comunicación abierta**
   - Se aseguran de que sus cambios sean visibles y buscan tu *feedback* para saber si esos cambios están ayudando. «¿Te sientes mejor con cómo estoy manejando esto?».

Personas que no están dispuestas a cambiar

Estas personas, por el contrario, suelen quedarse en el terreno de las palabras vacías o las excusas. Algunas señales típicas:

1. **Desvían la conversación**
   - En lugar de enfocarse en lo que pueden hacer para mejorar, cambian el tema hacia ti o hacia algo externo. «Sí, pero tú también hiciste esto».
2. **Minimizan tu malestar**
   - Restan importancia a lo que sientes, diciendo cosas como «No es para tanto» o «Siempre exageras».
3. **Se centran solo en justificar sus acciones:**
   - Dedican toda la conversación a explicar por qué hicieron lo que hicieron, sin llegar al punto de asumir responsabilidad. «Lo hice porque estaba estresado». Y se quedan ahí, como si el contexto excusara el daño.
4. **Prometen sin intención de cumplir**
   - Pueden decir que cambiarán algo, pero no hacen un esfuerzo real para hacerlo. Esto genera un patrón de frustración y desconfianza, ya que lo que dicen no coincide con lo que hacen.
5. **Evitan la conversación o el conflicto**
   - En lugar de abordar el problema, prefieren no hablar del tema o actuar como si nada hubiese pasado, dejando tus emociones sin validar ni resolver.

Ejemplo práctico

Imagina que una amiga te ha estado cancelando planes en el último minuto repetidamente. Decides hablar con ella sobre cómo eso te hace sentir.

Persona dispuesta a cambiar

- «Siento mucho haberte hecho sentir así. No me he organizado bien últimamente y entiendo que esto ha sido frustrante para ti. A partir de ahora, voy a asegurarme de que, si hago un plan contigo, lo cumpla. Si veo que no voy a poder, te lo diré con más antelación. Gracias por decírmelo, quiero que te sientas importante para mí».
- En las semanas siguientes, notas que se esfuerza en cumplir los planes o avisarte con tiempo si algo cambia.

Persona no dispuesta a cambiar

- «Es que he estado tan ocupada últimamente, no es mi culpa. Tú sabes cómo es mi vida. Además, tú también has cancelado alguna vez».
- La conversación no lleva a ningún cambio, y sigue cancelando en el último momento sin considerar tus emociones.

Lo cierto es...

Que cambiar no es fácil. Aunque esto lo oriente a ver si el otro va a cambiar o no, revisar lo que nosotras hacemos y cómo lo hacemos. A veces pensamos que somos superasertivas, pero estamos siendo pasivo-agresivas; pensamos que estamos poniendo límites, pero en realidad estamos intentando controlar al otro y darnos cuenta de esto y cambiarlo, y tampoco es fácil. Cambiar tus expectativas cuando el otro te demuestra que no está dispuesto/a a cambiar, también cuesta y también es un cambio difícil.

Para saber si una relación es sana, nos tenemos que fijar en si el **compromiso y la voluntad** son evidentes o no. Quien realmente quiere cuidar una relación no solo se preocupa por justificar el pasado o justificar su reacción por las acciones del otro, sino que se enfoca en construir un futuro mejor. Si esa disposición no está, la relación se convierte en un espacio donde el malestar se perpetúa, y tú debes decidir si es un entorno en el que puedes y quieres permanecer.

CUANDO EL CONTEXTO LO ES TODO

No podemos desligar a una persona de su contexto. Es decir, debemos evaluar cómo se comporta en su situación actual y no idealizarla por lo que fue o podría ser. Esto incluye observar si hay intención de cambio. Sin esa intención, comprender a la otra persona puede convertirse en una trampa: «Entiendo que estás pasando por una mala etapa, pero eso no justifica que me trates mal».

Podemos ser comprensivas, pero hasta un límite. Porque cuando el contexto de alguien termina consumiendo nuestra energía, necesitamos protegernos. Y aquí es importante recordar que una relación sana no es aquella en la que no hay conflictos, sino donde hay intención y esfuerzo por cuidar del vínculo y del otro.

Podemos dar un tiempo y ser comprensivos, pero hasta un límite, porque la comprensión termina cuando no veo intención de cambio.

No sabemos en qué contexto nos colocará la vida en el futuro o dónde nos colocaremos nosotros. Lo que vemos, es la manera en la que reaccionamos a él. Y tú eres parte de ese contexto.

A veces nos tenemos que alejar de otros porque sus heridas nos hacen daño. Hay heridas que, si son recientes o están muy arraigadas, pueden llevarnos a un cierto descontrol, una baja gestión de impulsos o incluso a mecanismos de defensa como la proyección de nuestro propio malestar.

Para mí, hablar de heridas es hablar del niño o la niña interior de alguien, por eso no voy a abordar el tema desde el «Aléjate, no tiene el trabajo hecho y tú, sí». No voy a enfocar esto desde quien sufre por las heridas del otro, tal y como veníamos haciendo, sino desde la responsabilidad que tiene la persona herida, de no herir a quien quiere.

Así que, esto ya no lo voy a decir como psicóloga, lo digo como persona que a los veinticuatro años sufrió un estrés postraumático que desembocó en un trastorno de pánico, entre otras cosas. Claramente, durante esa etapa de mi vida, no era como yo quería ser o como era antes. No podía atender a mis seres queridos como me hubiese gustado. Y no quería ni podía esperar que me viesen como fui en el pasado, porque ya no era así y tampoco que esperasen que fuese de otra forma, porque no sabía si iba a poder serlo. La persona que estaba siendo entonces, la detestaba, no me sentía yo misma, estaba totalmente disociada. No tenía control sobre nada, ni mi mente, ni mi cuerpo... Lo que antes me aliviaba, me empezaba a producir un rechazo enorme. Y entre toda esa guerra que había en mí, aunque tenía todo el sentido del mundo, aunque tenía derecho a procesarlo a mi ritmo; aunque merecía empatía, apoyo, ayuda, cuidado, no tenía derecho a parar la vida del resto porque la mía se hubiese paralizado. No tenía derecho a pedir más que repararan en mis heridas y las tuviesen en cuenta, pero no a que sostuviesen mi carga como si fuese la suya.

Sé que siempre pensamos que es precioso ver que alguien se queda a tu lado en los malos momentos y te perdona, te respeta, te anima. Pero ¿cuánto tiempo sería el justo? Yo tardé tres años y a día de hoy no he vuelto a ser la misma, aunque ahora sí me gusta quien soy y me encuentro bien. Pero no fue solo lo que me pasó lo que me marcó, sino lo que ocurrió mientras lidiaba con lo que me había pasado. Me traté horriblemente mal. En todos los sentidos. ¿Es justo pedirle a alguien que me quiere que se quede a ver cómo me destrozo y se rompe el vínculo sin que pueda hacer nada para cambiarlo? Creo que no y nunca lo pedí, pero tardé demasiado tiempo en ser valiente para hacer lo necesario para sanar, aunque no fuese mi culpa haberme roto.

Y recuerdo una vez que mi pareja de aquel entonces me dijo: «Cris, es que estar contigo ahora es como comer picante. Sabes que me encanta, pero en pequeñas dosis». Y yo lo entendí, ¿cómo no lo iba a entender?, ni siquiera yo misma quería estar conmigo. Y le respondí: «Lo entiendo, porque a mí no me gusta el picante y es lo único que como durante todo el día, todos los días, desde hace meses».

Y ahí se acabó nuestra relación, una relación de toda una vida, porque ese era mi contexto, era mi guerra y él no podría ayudarme a batallarla. Y le quiero por intentarlo, por aguantar y por estar ahí todo ese tiempo. Pero le quiero más por quién es él y no me habría gustado que se hubiese roto por intentar pegar mis pedazos cuando desde el principio sabía que él no podría hacerlo, y también sabía que sin el peso de no ser suficientemente *normal,* yo podría salir adelante más fácil. Él quería que yo volviese a ser normal, pero esa ya no era mi normalidad.

Y os he puesto este ejemplo, porque, a veces, cuando vemos una situación de enfermedad, como alguien que sufre una patología, la disonancia se hace más grande y la decisión de que la balanza pese más en cuidarse a uno mismo y darnos espacio para simplemente existir, se prolonga en el tiempo. Y es normal porque, ¿qué clase de personas seríamos si pasásemos de alguien solo porque está enfermo?

Vale, es que, por ejemplo, yo no solo estaba enferma y no solo tenía problemas. Es que la manera en la que yo lidiaba con mi enfermedad y esos problemas, era dolorosa para mí y dolorosa para quienes me rodeaban. Y si no era justo para mí, tampoco lo era para los demás.

Y ahí tomé la decisión de afrontar mis problemas y sacar pechito para enfrentar mis miedos porque sentía que la vida se me escapaba.

Yo tenía intención de cambio. Y cambié. Pero hay personas que no. Y ya no hablo de personas con patologías, porque ese es un tema mucho más complejo, en el que la desesperanza y el dolor interno juegan un gran papel a la hora de pensar tan siquiera en hacer *un poder* para salir de ahí y por eso he puesto mi propio ejemplo.

Hablo de personas que no quieren sanar sus heridas aun teniendo comportamientos problemáticos, porque reciben unos beneficios indirectos o secundarios y, por lo tanto, mantienen la conducta y no resuelven el problema.

Esas ganancias secundarias pueden ser desde atenciones y cuidados que no recibirían de otra manera, justificación de su comportamiento que de otra forma no sería aceptado, sensación de control o poder, hasta evitación de responsabilidades.

Por eso, una cosa son los problemas, las enfermedades, los síntomas, y otra, que no existan límites para tolerar según qué cosas.

Yo, sí que es cierto, no entro en las comparaciones de:

- Sé que tuviste una infancia dura,
  pero yo también
  y no me comporto de esa manera.
- Sé que tu ex te fue infiel,
  pero a mí también
  y no actúo de esa forma.
- Sé que tienes mucho estrés,
  pero yo también
  y no te trato así.

Pero, como os digo, soy partidaria de intentar verlo todo de forma holística, incluyéndome a mí misma, **sobre todo a mí misma,** mis valores, mis emociones y tener claros cuáles son mis límites, porque están ahí y no puedo ignorarlos, aunque me esfuerce.

Y esto es algo en lo que trabajo mucho con todas las personas que están en Hartita y en sesión para que sepan reconocer esos límites a tiempo y no se desgasten más de la cuenta.

Porque cuando absolutamente todo va bien y es fácil, resulta muy sencillo afrontar la vida. ¿Pero cada cuánto se alinean los planetas y hacen que todas las esferas de tu vida estén absolutamente bien?

1ª PARTE

NO ESTÁS LOCA, ESTÁS HERIDA

No estoy loca,
mis heridas son testigo
de batallas que no ves,
de cicatrices que no entiendes,
de una guerra que primero estuvo fuera
y ahora está ardiendo en mi mente.

No soy lo que piensas,
soy más de la suma de lo que se ha roto,
mis cicatrices hablan de resistencia,
y en cada grieta hay un recordatorio
de que sobrevivir también es un arte.

Si te soy sincera, no conozco a nadie sin heridas o cicatrices; de hecho, la mayoría ~~aun~~ tenemos heridas abiertas.

Inciso.

No es un problema de edición, efectivamente, he tachado la palabra «aun». Mires a donde mires, todos llevamos una carga o varias, todos tenemos una guerra en nuestra mente, un pasado que pesa y algún recuerdo que de vez en cuando irrumpe en nuestra mente, nos quita la respiración un segundo, nos deja su carga emocional y después seguimos como lo hace la vida, sin pausa y con prisa.

Cuando caminaba por el centro de Madrid, veía a la gente corriendo de lado a lado, y es curioso porque mi mente, cuando estaba ansiosa, se los imaginaba como si estuviesen huyendo de algo, quizás llegan tarde y huyen del tiempo, quizás de la regañina de su jefe, de la cantidad de estímulos que hay en esta ciudad deseando llegar a sus casas buscando calma, y de repente, me daba cuenta de que yo era una más con ellos y no una entre miles, con la sensación de que si iba más despacio me iba a desestabilizar y caer.

Durante años mi hermana pequeña me preguntaba: «Cris, ¿por qué vas corriendo al autobús si quedan diez minutos para que llegue?». Mi respuesta siempre era: «Porque si voy más despacio, me caigo». Lo decía un poco en broma, pero no era broma. De hecho, me molestaba muchísimo que ella no fuese más rápido y anduviese un metro detrás de mí.

Yo no vivía en el centro de Madrid, vivía en el campo, a las afueras, pero claramente no desentonaba cuando llegaba a la ciudad. Su ritmo lo llevaba conmigo en el cuerpo. Su ritmo o su arritmia.

¿Iba a conseguir algo más aparte de llegar sofocada a la parada? Sí, la tranquilidad de estar y evitarme el estrés de correr. Algunos pensarán que es contradictorio porque ya estaba corriendo, pero desde ese lugar, no era lo mismo correr hacia la calma, la ausencia de culpa por perder el autobús por no ir lo suficientemente rápido, que correr por un error de cálculo y, aun así, perderlo.

Evitar que cualquier cosa pudiese salir mal por mi culpa era un mantra. El problema es que, bajo esa premisa, me sentía excesivamente responsable de todo lo que salía mal. Incluso si había salido a tiempo y había corrido al autobús, pero este llegaba antes de la hora.

Claro, tú haces lo que llevas toda la vida haciendo y si tu cuerpo te dice que corras, tú corres; si ves que la gente no se detiene, tú tampoco. Pero ¿y si nos detenemos a pensar en los momentos en los que nuestro cuerpo dice corre?

A un cuerpo lleno de cortisol (un cuerpo estresadísimo) le cuesta ir despacio, y cuanto más rápido vamos y más intentamos abarcar, más cortisol generaremos. Cuando estás en un estado elevado de estrés, el cuerpo interpreta el aumento de la velocidad como una señal de mayor peligro o demanda, lo que hace que el cortisol continúe generándose. En lugar de reducir los niveles de estrés (aunque ese sea el objetivo), moverte más rápido o añadir más responsabilidades, solo perpetua ese ciclo aumentando la presión sobre el sistema fisiológico. Esto no solo afecta a los niveles de cortisol, sino también a la capacidad de tomar decisiones claras, descansar adecuadamente y mantener el equilibrio emocional.

Esta hormona del estrés te prepara para la lucha o la huida, aumenta tu estado de alerta, la energía y la tensión, por lo que bajar el ritmo, relajar los hombros e ir tranquila, se convierte en un trabajo consciente y, por qué no decirlo, al que cuesta mucho habituarse.

Y es que a veces el cuerpo funciona así: corre sin saber por qué y no se detiene por miedo a no haber corrido lo suficiente. Y cuanto más corremos, más sensación de control tenemos, una ilusión de control que realmente lo que hace es que nuestra mente queme rueda hasta que no pueda más. Porque si tú no paras, el cuerpo, antes o después, lo hará por ti.

Lo malo es que las heridas, el dolor, lo que pesa en nuestra mente, en nuestro pecho y en nuestro estómago, a veces, nos hace funcionar en piloto automático, nos mete prisa para que hagamos cosas que disminuyan esa tensión interna y, en ocasiones, seguir y seguir parece lo mejor, porque parar no es una opción, aunque suele ser la mejor solución cuando tenemos una herida y la energía que empleamos en que no se note y aparentar normalidad sobrepasa nuestro umbral de bienestar.

Así que supongo que no corremos, huimos constantemente de ciertas sensaciones.

«Yo solo pido pausa, tú velocidad»
PAUSA / IZAL.
(Me encanta esta canción)

Todo esto sobre lo que estamos hablando, me lleva a algo que no entiendo. Algo que cambió radicalmente para mí la manera de ver la psicología y que se nos debería decir a todos desde el principio para entender e interiorizar que la mejor psicología, siempre será la preventiva:

Hay heridas
que no desaparezcan NUNCA,
pero necesitamos cuidarlas
para que no nos condicionen
el resto de nuestra vida.

¿POR QUÉ NO APRENDEMOS ANTES A CUIDAR ESAS HERIDAS?

El problema radica en que muchas veces la sociedad, las familias e incluso nosotros mismos tendemos a minimizar o ignorar lo que sentimos. Nos centramos en *hacer*, en cumplir expectativas, pero nunca nos enseñan que está bien sentir y validar lo que nos pasa por dentro. La prevención en psicología es aprender a tejer la red, antes de andar por la cuerda floja, pero ¿quién nos lo enseña?

Por ejemplo, podemos sanar el abandono emocional sufrido por unos padres en la infancia, e incluso retomar relación con ellos en nuestra edad adulta si sabemos el lugar que deben ocupar en nuestra vida, pero muy difícilmente podremos sanar el dolor de una infancia manchada o no vivida.

Esa herida muchas veces nos lleva, por ejemplo, a sentir como un fracaso horrible aquello que es humano. A sentirnos excesivamente responsables de los sentimientos de los demás y a creer que, por más que hagamos, no será suficiente para que lleguen unas Navidades, y sentirlas como *debería haberlas vivido en mi infancia,* con esa ilusión y sensación de unión familiar, de pertenencia. Cuando no la has tenido, te parece inalcanzable, pero no hay un año en el que no la anheles.

Desde muy pequeña, tuve clarísima la palabra «negligencia». Sabía que si unos padres no le daban de comer a sus hijos o no les llevaban al colegio, estaba mal, eran negligentes. Pero no fue hasta los veintidós años cuando no supe de la negligencia emocional; y no porque no existiera, sino porque nadie hablaba de ello. Algo que, por cierto, al menos en mi infancia (soy del 93), no solo no era tema de conversación, sino que podías escuchar, incluso de la mano de psicólogos, la típica frase de: «Mejor un tortazo a tiempo» y, en el mejor de los casos, se empezaba a hablar de emociones y salud mental como algo relevante. Pero hablar de negligencia emocional... eso parecía casi impensable. De hecho, recuerdo que la que se sentía negligente era yo con mis padres por llorar, por los disgustos que les daba, por *tensar la cuerda.* Con el tiempo lo piensas y te das cuenta de que solo estabas haciendo cosas normales de tu edad. Lo que no era normal es la carga que depositaban en ti quienes deberían haberte protegido; y no hablo solo de padres, sino de profesores, psicólogos, médicos... Autoridades sobre el buen cuidado de un menor. Personas que, en principio, se dedicaban a salvaguardar la salud y el bienestar de la sociedad y, más concretamente, del sector más vulnerable: los niños.

Si ahora sabemos que hay muchos otros tipos de violencia más allá de la física, imagínate qué puede pasar si incluso instituciones de autoridad, legitiman algo tan grave como *darle un tortazo a tiempo* a un niño.

La negligencia emocional es ese espacio vacío, esos huecos en los que nunca hubo una respuesta adecuada a lo que sentíamos. Es la soledad de llorar a escondidas porque nadie en casa podía o sabía cómo sostenernos. Es crecer aprendiendo a silenciar nuestras emociones porque, de alguna forma, sentíamos que no había lugar para ellas. Y aunque físicamente nadie nos abandonó, emocionalmente sí lo hicieron.

Nos dejaron huérfanas de consuelo, de apoyo, de comprensión. Es crecer en un lugar donde hay comida, ropa y hasta alguna celebración de cumpleaños, pero donde nuestras emociones pasaban desapercibidas o incomodaban. Lo que muchas veces termina generando la idea de que lo tienes todo, pero no es suficiente (obvio, faltan básicos) y la sensación de no ser tú suficiente (porque no aprecias lo que tienes y no logras conseguir el cuidado que necesitas).

No hay hojas suficientes para hablar de esto, pero no tengo el cuajo de hablarte de heridas, sin mencionarte primero lo que genera esas heridas, aunque sé que es un tema duro y te abrazo muy muy fuerte. Por suerte, hoy en día no verás a un psicólogo dando ese tipo de consejos a nadie. Ahora sí existe información y herramientas que promueven la salud mental y no la solución fácil y rápida, que solo es un parche que genera un problema aún mayor. Yo ahora veo a mis chicas de Hartita, lo madrazas que son, cómo tratan a sus niños, como los acompañan, la conciencia que tienen sobre todo esto y lo único que puedo decir es GRACIAS. Porque estáis construyendo generaciones mucho más fuertes, mucho más seguras y, sobre todo, mucho menos heridas. Y verlo sana, da esperanza.

Lo cierto es que la negligencia emocional no deja cicatrices visibles ni un historial médico, pero afecta profundamente a la forma en que construimos relaciones, entendemos el cariño y vivimos nuestras emociones. Y aunque la sociedad está cada vez más abierta a hablar de salud mental, todavía hay un vacío cuando se trata de reconocer el impacto de la negligencia emocional. Porque, para muchos, el hecho de que nuestros padres no supieran atender nuestras emociones, es algo con lo que te va a tocar lidiar a ti, y sí, es cierto, pero por lo que te van a culpar a ti también si hablas de ello, y esa omisión deja heridas que son reales.

Un ejemplo clarísimo es como nos llaman:

la generación de cristal.

Ser más conscientes de nuestras emociones y necesidades emocionales, y convertirnos en las adultas que nuestra niña interior hubiese necesitado, nos lleva a no temer hablar abiertamente sobre esas emociones y heridas. Pero al hacerlo, también se habla de una atribución de responsabilidad. Yo supero esto, pero no cargo con el peso de interiorizar que merecía según qué trato, ya sea porque mis padres se estaban separando, porque era una niña muy llorona y molesta o por cosas que literalmente no estaban bajo nuestro control. Intentar sostener esto, es incompatible con superar nada.

Al colocarnos la etiqueta de generación de cristal, lo que solemos recibir es una crítica sobre un discurso emocional, que es muy real, que está ahí, aunque no queramos verlo y que sirve para procesar y gestionar, pero se critica desde la conciencia de «fragilidad»; como si reconocer el impacto de las experiencias emocionales fuera sinónimo de *debilidad*. Cuando en realidad, lo que hacemos es dar voz a lo que antes se silenciaba. Temas como la salud mental, la negligencia emocional o la importancia de establecer límites, es una manera de cuestionar modelos que otros aceptaron en silencio y la utilidad de estos. ¿Son útiles para mí, o lo son para quien no me quiere proteger?

Si te das cuenta, antes se esperaba que las personas resistiesen sin expresar dolor ni frustración, dejando heridas que se arrastraban toda la vida. Hablar de nuestros problemas, pedir respeto y rechazar conductas tóxicas no significa ser frágiles, significa que hemos aprendido a reconocer el valor de nuestro bienestar, en lugar de aspirar a ser el perfecto producto de la sociedad, porque sabemos que hay otros caminos posibles y porque convertirte en ese producto perfecto, es una mierda. Una mierda el camino que hay que recorrer para conseguirlo y una mierda convertirte en eso y encima sostenerlo el resto de tu vida.

A mí gusta pensar
que si nos llaman generación de cristal,
no es por ser frágiles,
sino por ser transparentes;
y más que rompernos,
buscamos reconstruirnos
sin dañar al otro.

Al final, si has sufrido una negligencia emocional en tu infancia, como el abandono emocional, aunque después puedas crear una buena relación con tus padres, es un miedo que se queda y que se puede trasladar a otras esferas de tu vida, como la pareja o los amigos. Que influye y hasta cierta medida, condiciona la manera en la que te muestras en tus relaciones, lo que consideras que es normal y lo que esperas de ellas en cuanto a emoción y acciones.

Pero no solo aquello que hemos normalizado y justificamos con la típica frase de «nadie es perfecto», cuando esa falta de perfección me está haciendo daño de verdad. No estamos hablando de que nuestra pareja se tire pedos cuando estamos en la cama y que estos huelan a podrido, o que sea lento organizándose y lleguemos tarde a los sitios, o que tenga que preguntarle al camarero qué ingredientes lleva la comida que va a pedir porque es diabético. Estamos hablando de abusos, insultos... cualquier tipo de inconsistencia o contradicción en el amor. Estas cosas que te hacen preguntarte: ¿no me quería?, ¿por qué me trata así?, ¿qué he hecho?

En una relación sana, no hay abandono emocional, hay épocas que quizás son más intensas, épocas más caóticas, épocas más bajas en cuanto a intimidad y cercanía, y épocas de mantenimiento en las que simplemente estamos sin picos de ningún tipo.

Y, como te decía, por un lado, está esa normalización y justificación y, por otro, aquello que anhelamos: la sensación de pertenencia, el cubrir carencias, poder experimentar lo que es un amor bonito y sano. Y si nos planteamos lo que es esto, vemos que en ese tipo de amor hay empatía, compromiso, intimidad, apoyo, conexión, sensación de que nos queremos.

Pero a veces se nos olvida la parte clave, que es

reciprocidad.

Esto no es que ambos demos el cien por cien, sino que ambos tengamos la sensación de compensación, que lo que yo invierto, sea o no exactamente lo mismo que ofreces tú, se compensa con lo que inviertes.

Me gusta, me compensa estar aquí, no me hace daño.

Hay heridas que se pueden trabajar, pero siendo conscientes de que ya han creado vías de pensamiento en nuestra mente que, aunque consigamos que estén en desuso, siguen estando ahí y la posibilidad de volver a ir por esos caminos, también.

Eso nos va a acompañar de alguna manera toda la vida, aunque consigamos que un día apenas duela cuando pensemos en ello y logremos ser libres de su condicionamiento.

Porque a veces, lo que más duele es recordar algo como debería haber sido y la pérdida irrecuperable que eso conlleva.

Y ahí está la típica frase que yo de adolescente escribía en mi archivador de clase:

EL TIEMPO LO CURA TODO

Pero no, neni, pronto descubrirás que el tiempo no lo cura todo. Son los cuidados los que curan y a falta de cuidado, corres. Corres. Corres y te intentas mimetizar con tu entorno, en una normalidad, que lo siento mucho, pero no es la tuya. Esta no es tu forma, esta no puede ser tu guía.

Solemos emplear las palabras curar y sanar como sinónimo inmediato de eliminar una dolencia. Como cuando nos duele la cabeza porque tenemos gripe. Nos tomamos un paracetamol y ¡pum!, se eliminó el dolor; una actuación rápida y eficaz con la que parece que estamos curados, pero no, nuestro cuerpo sigue trabajando.

Y curiosamente, las emociones también duelen, a veces, incluso más que un dolor físico. Es una realidad.

Las acciones de otros y las nuestras también pueden dolernos, las falsas expectativas duelen cuando chocan contra la realidad y *eliminar* ese daño, no es posible una vez hecho. Reprimir o evitar sentir lo que siento, tampoco, porque en algún momento nos alcanzará, por mucha distancia que creamos que hemos tomado. No podemos ganarle al tiempo y tampoco a aquello que es ley de vida.

De hecho, fíjate en esto.

Cuando hay sequía durante un tiempo prolongado, el suelo se endurece y se hace más compacto, lo que lo vuelve menos permeable. Y cuando llega una lluvia intensa, el agua no puede penetrar el suelo de manera efectiva, por lo que el riesgo de inundaciones aumenta. Pasa algo similar con las emociones reprimidas: durante el tiempo que no permitimos que esas emociones fluyan, emociones que, por cierto, no hemos elegido tener, y no nos permitimos expresarlas por el motivo que sea, hace que *esas vías de gestión se sequen;* el problema viene cuando finalmente llega una *lluvia intensa,* ya sea un evento estresante o un desencadenante que libera esas emociones reprimidas. Al igual que el suelo seco, duro y compacto, no puede absorber el agua repentina, nuestras barreras emocionales, que hemos levantado para protegernos, tampoco pueden manejar de golpe todas las emociones que hemos estado reprimiendo.

Lo que nos ocurre es un desbordamiento emocional. De repente, las emociones salen todas a la vez, abrumándonos, porque no hemos procesado ni liberado esos sentimientos poco a poco.

Esa inundación tan repentina, nos hace sentir que no tenemos el control sobre lo que estamos experimentando. Lo que probablemente sintamos en ese momento es ansiedad, una tristeza profunda, ira o incluso una crisis existencial. Por eso las psicólogas siempre decimos que es importantísimo tener un espacio donde expresar nuestras emociones poco a poco, a medida que las experimentamos, para evitar que se acumulen y, finalmente, nos desborden.

Paremos un momentito a hacer este EJERCICIO.

Reconociendo el terreno emocional

- Piensa en una emoción que has estado reprimiendo últimamente. Quizás sea tristeza, miedo o incluso enfado.
- Ahora imagina que esa emoción es agua y que tú eres el suelo.
- ¿Cuánto tiempo llevas evitando sentir o intentando reprimirlo? ¿Tus emociones suelen ser respetadas en tu día a día o por parte de tu entorno?
- Tómate un momento para escribir cómo te está afectando esa emoción y cómo crees que podrías dejarla fluir antes de que te inunde por completo.

LA IMPORTANCIA DE CUIDAR LA HERIDA

Desgraciadamente, nos toca sentirlo todo, porque no existe un paracetamol emocional que elimine el dolor de golpe. Podemos pensar que es bastante injusto, porque el dolor emocional está asociado a partes del cerebro relacionadas con el dolor físico. Ambos activan regiones similares del cerebro, como la corteza cingulada anterior y la ínsula.

Por ejemplo, cuando vives una situación de rechazo social, una ruptura o una pérdida, la CCA (corteza cingulada anterior) se activa de manera similar a cuando se experimenta dolor físico. Y la ínsula procesa las sensaciones de incomodidad y sufrimiento que acompañan al dolor emocional y físico. Claramente, hay muchos otros factores a tener en cuenta, de ahí que un analgésico no nos quite el dolor de una ruptura.

Cuando le conté esto a una amiga farmacéutica, muy motivada ella, dijo: «Vamos a hacer un llamamiento para que se cree esa pastilla y que nunca más una mujer llore por amor». Ole, se quedó bien ancha.

Pero qué desastre si existiese. Ambos dolores, tanto el físico como el emocional, son vitales para nuestra supervivencia y bienestar general.

Es evidente que, si no sintiésemos dolor físico, no sabríamos que tenemos una enfermedad que necesita ser tratada y, de no hacerlo, llevarnos a algo mucho más grave. Por ejemplo, una persona con una condición llamada insensibilidad congénita al dolor, no siente dolor físico. Sin sentir dolor, esa persona no sabría cuándo necesita reposar, buscar atención médica o cambiar ciertos comportamientos (como dejar de realizar una actividad que le está haciendo daño), lo que le llevaría a tener más riesgo de lesiones o incluso a no poder utilizar partes de su cuerpo o sus sentidos de manera irreversible.

El dolor es una alarma,
una señal de que algo
necesita ser cuidado.

¿Qué pasaría si no sintiésemos el dolor emocional? Creo que esto lo tenemos claro; incluso puede que te hayas enfrentado a alguien con una carencia total de empatía. El dolor emocional está relacionado con nuestra capacidad de empatizar y conectar emocionalmente con los demás. La empatía no solo es poder ponerme en los zapatos del otro y ayudarle, es poder entender, compartir emociones y crear relaciones profundas y significativas.

Y la consecuencia más grave, que quizás aún no habías pensado, es que la ausencia de dolor no implica que no sea necesaria una regulación emocional. Podemos tener un montón de estrategias y herramientas para evitar enfrentarnos a ese dolor, pero sin esa alarma, se generaría una represión o negación emocional, lo que puede dar como resultado problemas de salud mental a largo plazo como trastornos de la personalidad, ansiedad o depresión. Que es algo que también ocurre, con esas estrategias y herramientas para evitar enfrentarnos a emociones difíciles.

Sin la capacidad de experimentar dolor emocional, no aprenderíamos nada de nuestras necesidades y límites, por lo que podríamos repetir los mismos errores una y otra vez. Se produciría un estancamiento, el día de la marmota emocional.

EJERCICIO de **validación emocional**

- Tómate unos minutos para pensar en una situación reciente en la que hayas sentido dolor emocional. ¿Cómo lo validaste? ¿Lo ignoraste, lo justificaste, lo comparaste, lo minimizaste?
- Escribe tres formas en las que podrías haberte validado emocionalmente en ese momento.

Y cuidado, que parece que le estoy haciendo una oda al dolor o a las cosas malas que nos pasan, por lo que voy a matizar todo esto, que me estoy leyendo y me veo yo misma muy masoquista.

Te pongo un ejemplo de algo que le pasó a una Hartita hace poco:

Maribel tiene una hija de catorce años que está estudiando, pero hay una asignatura (mates) que no se le da muy bien.

Su propio miedo a que su niña se enfrentase al malestar de hacer recuperaciones, de sentirse inútil o incluso de repetir curso, hacía que le entrasen ganas de presionarla, de darle el típico ultimátum de: «Si no apruebas, te quedas sin salir». Lo que conocía; las típicas amenazas que ella había enfrentado en su infancia.

¿Qué ocurre? Que a veces ignoramos que si nosotras sentimos presión y no somos las que lo estamos viviendo, se nos olvida pensar en la presión que siente quien sí lo vive.

Si a esa presión que ya siente, le meto más presión desde fuera (la cual duele), puede llevar a un bloqueo.

¿Y cómo nos hemos desbloqueado la mayoría cuando hemos estado en esa situación? Lo hemos conseguido gracias a que nos han presionado de mala manera, o gracias a la ayuda que hemos recibido de una amiga que nos ha animado, o a una profe que ha confiado en nosotras, o a un discurso interno que nos decía: tranquila, vas preparada, no te preocupes que un solo examen no determina lo inteligente que eres, has estudiado mucho y puedes hacerlo, todo va a salir bien pase lo que pase...

A veces hacemos cosas porque tenemos que hacerlas, así es la vida y eso puede generar un gran malestar. Lo que pasa tanto dentro de nosotras como fuera es crucial para poder gestionarlo de la mejor manera y que no se genere una herida.

Ante todo, el mayor miedo de Maribel es que su hija, a la que tanto quiere, por dársele mal una asignatura, se quedase con la idea de que es tonta. Como le pasó a ella. No quería que, para su hija, suspender la asignatura fuese algo así como la *confirmación* de que es tonta. No quería que lo viviese y además añadirle desprecio, retirada de afecto, castigos por no aprobar.

¿Sabes lo que me dijo Maribel?: «Y si siente que es tonta, más allá de los estudios, ¿qué cosas les permitirá a los demás por miedo a que la llamen tonta?».

Quizás el pensar que es tonta solo dañe su autoestima, pero lo que permite por pensar así de ella misma, porque es lo que esperan los demás, sí podría generar la herida.

Le respondí: «Lo malo que nos pasa no se sana presionándonos con demostrarle al mundo que no lo somos ni cumpliendo las expectativas de los demás, aunque nos hayamos profesionalizado en hacerlo. Se sana con la confianza que otros (y tú) tienen en ti, lo que te ayuda a intentar demostrarte a ti misma que no lo eres y, sobre todo, tratarte como si no lo fueras por mucho que te hayan hecho creer que sí. Hacerlo en un espacio seguro, porque si te caes, tienes una red que te sostiene».

Ella entendió lo importante que es aceptar que el dolor es parte de la vida sin que implique agradecer el que ocurran cosas malas para *aprender o ser mejores,* porque no aprendemos gracias a lo malo, sino a lo bueno que ocurre mientras transitamos lo malo.

Aprender esto, no solo le ha servido a su hija, también a ella misma. Cuesta, pero es un recordatorio diario de que no tenemos control sobre todo; pero si aprendemos a escuchar realmente a nuestro cuerpo, veremos que es un gran aliado que nos señala el camino: por donde sí y por donde no.

El cuerpo es como tu madre o tu mejor amiga cuando te dicen: «Cielo, por ahí no vayas que si ya duele, después dolerá mucho más». Y nosotras nos enfadamos, nos sentimos invalidadas y rechazamos ese consejo. Quizás porque necesitamos comprobarlo por nosotras mismas; porque necesitamos aferrarnos a la idea de que no tienen razón y nos ponemos en su contra; porque no sabemos lo que hacer si escuchamos y decidimos hacerle caso. Quizás, esa madre o esa amiga se están equivocando, pero este cuerpecito nuestro no se equivoca y a veces lo convertimos en nuestro enemigo porque pensamos que la energía que necesitaríamos para hacerle caso es mucho mayor que la que emplearíamos en no hacérselo.

Pensémoslo así: si yo voy en contra de las señales que lanzan mi cuerpo y mis emociones, el esfuerzo que hago se va hacia dos sitios: reprimir y mirar hacia otro lado. Y seguir haciendo lo que estuviese haciendo con la expectativa de que, en algún momento, este esfuerzo, que no es poco, sea compensado o dé frutos. Aunque el proceso esté doliendo y el futuro sea incierto.

Pero cuando voy por la vía de escuchar a mi cuerpo, el esfuerzo será mucho mayor, porque mi energía se invierte en: escucharme (con lo difícil que es), a veces también en ir en contra de mis patrones o lo que me apetece para enfocarme en lo que realmente necesito y me viene bien, identificar que eso que necesito en medio de todo ese batiburrillo emocional, en lidiar con las expectativas fallidas o la sensación de fracaso, con el cuidado emocional que voy a tener que realizar para reponerme, enfrentarme al duelo o a la sensación de vacío y enfrentarme a mis miedos.

Aprendemos a no escucharnos cuando estamos en un entorno donde, por mucho que nosotros nos escuchemos, los demás no nos hacen caso.

Y si somos dependientes, como de tus padres cuando eres una niña o del ritmo de tu entorno, aprendes a callar esa voz. Es como si los receptores del cerebro que interpretan ese dolor y lo localizan se apagasen porque hay demasiado viento. Sabes que algo duele, pero piensas que es solo una sensación y pasará. Hasta que ves que no se pasa y sigue creciendo.

¿Qué nos queda? Entender que una herida, sea donde sea, no está y deja de estar por obra y gracia del tiempo.

Se reconstruye protegiéndola para que eso que me ha golpeado, no lo siga haciendo, protegiéndola de factores que pueden infectarla, permitiendo que el cuerpo trabaje.

Se cura con cuidados.

- Expresarnos emocionalmente y validar esas emociones, es cuidado.
- Ser comprensivas y compasivas con nosotras mismas igual que lo somos con el resto, es cuidado.
- Ser conscientes de lo que toca la herida, cómo nos dispara toda una dinámica de conducta que alimenta esa herida y decir ¡basta!, en algún punto es cuidado.
- Permitir que otros nos mimen, nos animen y nos acompañen (aunque nos dé miedo sentir que somos una carga), es cuidado.
- Colocar como prioridad el atendernos a nosotras mismas, igual que cumplimos con el resto de responsabilidades (las que nos gustan y las que no), en lugar de dejarnos para luego o para nunca, es cuidado.
- Elegir a personas que entiendan el dolor y el cuidado de una forma similar a la mía, es cuidado.

Así que no, no es el tiempo lo que nos cura.

Es lo que hago para afrontar esta situación y gestionar mis emociones lo que me cura.

Hacerlo incluso cuando tienes miedo y sobre todo porque lo tienes.

Cada uno necesitará hacerlo a su forma, porque no hay una única buena ni un único guion que todos debamos seguir para llegar a ese punto donde digamos:

> Joder, qué mal estaba antes, pero qué a gustito estoy ahora.

Vamos a llegar a ese punto, pero sin invalidarnos o hacernos más daño, porque entonces no llegaremos nunca. Lo haremos con los hombros destensados y la respiración controlada. Lo haremos llorando si es necesario, gritando y con la angustia de quien se enfrenta a sus miedos.

Llegaremos al autobús andando despacio. Y no en una caravana de fuego.

HABLEMOS DE HERIDAS PARA DEJAR DE PERMITIR PATRONES

Muchas veces, cuando no toca reparar, estar con nosotras mismas o tomar una decisión difícil, hay que pararse a pensar en lo que hago en mi día a día, cuáles son mis conductas y a donde me llevan. Pero siempre, teniendo en cuenta que una herida, aun habiendo sido trabajada, ha generado una tendencia en mí y que ciertos estímulos (personas, situaciones, obligaciones, cosas...) pueden activar esa tendencia, aunque no activen el dolor asociado a la herida.

Esto es porque nuestras experiencias activan lo que se conoce como memoria emocional, que guarda respuestas automáticas que fueron útiles en el pasado, aunque en el presente ya no lo sean.

Mientras voy escribiendo, me doy cuenta de que hay muchas cosas que explicar porque parto de la base de que en Hartita esto ya está superclaro, pero puede ser que para ti sea algo nuevo y estoy yo aquí mostrándote algo que te suena a chino.

Vamos a hablar principalmente de los miedos y heridas que nos llevan a pensar que estamos locas o que somos exageradas. Estos sentimientos no surgen de la nada: tienen raíces profundas en experiencias de abandono, rechazo, miedo a no ser suficientes o a quedarnos solas. Vamos a explorar juntas de dónde vienen estas heridas y cómo, al entenderlas, podemos dejar de juzgarnos y empezar a cuidarnos mejor. Así cuando venga el susodicho o susodicha de turno, nos costará menos identificar si viene ofreciendo cuidados o lo manda el universo para ponernos a prueba.

Por cierto, yo no creo que el universo en sí nos mande nada y tampoco creo que todo dependa de nosotras mismas, pero me ha hecho gracia decirlo porque realmente hay gente que sí va a poner a prueba el trabajo que hagas, de la misma forma que habrá gente que llegue para hacerte sentir bien con cómo eres y lo que has logrado.

Vamos a hablar de estos miedos o emociones subyacentes que a veces nos disparan en piloto automático toda una dinámica que termina afectándonos considerablemente. Y cómo pueden generarse mecanismos de supervivencia o patrones en respuesta a las heridas emocionales.

Empezamos

Todos tenemos estrategias psicológicas «inconscientes» que utilizamos para enfrentarnos a la vida. Igual que no pensamos en cómo se traga el agua (a menos que tengamos disfagia), tampoco pensamos en muchas otras cosas que hacemos en nuestro día a día, pero las hacemos y eso provoca algo, igual que beber agua te quita la sed. Y entre ellas, la manera en la que nos protegemos emocionalmente o cómo manejamos emociones difíciles como el dolor, la frustración o la inseguridad.

Las defensas que tenemos y que una situación puede disparar, traen consigo ciertas herramientas. La proyección como mecanismo de defensa puede ser útil ante la inseguridad que me genera una discusión, pero a largo plazo, no lo es porque puede generar conflictos en las relaciones y el no asumir y aprender de mis errores o sentimientos, me puede generar bloqueos. Esa proyección engloba una serie de comportamientos, herramientas como culpar a los demás, desviar la responsabilidad, juzgar, etc. Pero también existen otros mecanismos de defensa como la sublimación, que es convertir impulsos negativos en acciones constructivas (como canalizar la frustración en el deporte o el arte). Un mecanismo de defensa puede ser útil si se tiene de manera temporal o constructiva. Será desadaptativo si se convierte en una forma constante de evitar la realidad, manteniéndonos en patrones destructivos.

Dicho esto, podemos tener mecanismos de supervivencia desadaptativos, que en su momento se crearon porque fueron necesarios, pero que puede que ahora no lo sean. Y a estos les acompañan toda una serie de herramientas que utilizamos para nuestro fin, sobrevivir emocionalmente.

HERRAMIENTAS Y MECANISMOS DE DEFENSA/ SUPERVIVENCIA.

1ª PARTE

HIPERVIGILANCIA EMOCIONAL. LA ANTENA SIEMPRE PUESTA

Si fui abandonada o rechazada emocionalmente de forma constante, intermitente o arbitraria en una relación importante (familia, amigos, pareja), mi mente en ese momento buscaría encontrar una cierta estabilidad emocional para sentirme segura. A falta de control sobre lo que ocurría, puedo haberme enfocado en predecir las «señales» que preceden a los golpes emocionales para poder sortearlos a tiempo. Si te ha pasado, ya sabrás que la mayor parte del tiempo estás preocupada por algo y que, muchas veces, esa preocupación te ha generado mayor ansiedad que el propio «algo».

Así que podemos haber desarrollado la tendencia o dinámica de estar siempre pendiente de cambios en el comportamiento de los demás, del entorno en general, buscando señales de posible rechazo o problema que pueda derivar en ese rechazo o abandono antes de que ocurra. Además, esta conducta ha sido validada constantemente: **no te preocupes, ocúpate**.

Pero es que me ocupo de lo que me preocupa y la preocupación viene del miedo a que ocurra algo, como, por ejemplo, si no entrego este libro en la fecha, estoy incumpliendo un contrato. Me preocupan las consecuencias que eso pueda tener, así que me ocupo de llegar a tiempo.

Pero si he pasado por situaciones de abandono o rechazo, como comentaba antes, esa preocupación va a escalar. Por ejemplo, si una persona con quien tengo un vínculo no me saluda como normalmente suele hacerlo, puede ser para mí una señal que me preocupe, así que el miedo hace que me ocupe. Esto puede ser un *trigger* para mí, un disparador de mis mecanismos internos e inconscientes que me llevan a tener una serie de conductas: le envío varios mensajes preguntando si está todo bien, reviso repetidamente si me ha contestado, analizo cada detalle de nuestro último encuentro o conversación para ver si hice algo mal, incluso cuando no hay ninguna señal clara de conflicto.

Si te pasa, no estás loca, estás hipervigilante, y ahora estás entendiendo el contexto.

Tenemos que reconocer que cada persona representa una realidad en sí misma que puede diferir del resto, y que es única. Es un sistema que está compuesto por un mundo interno (pensamientos, emociones, creencias) y un mundo externo (relaciones, circunstancias, contexto social y cultural) que interactúan todo el tiempo a todas horas. Al mezclarse va a generar reacciones emocionales complejas, y comprender el origen de estas, es superimportante de cara a una buena regulación emocional. Todo esto es un contexto y no podemos separarlo a la hora de interpretar lo que nos pasa.

Mi miedo activa mis mecanismos de defensa y me predispone a ver e interpretar señales de esta manera; y las conductas que realizo para disminuir esa ansiedad, paradójicamente, alimentan esa ansiedad. También me envían ese mensaje de: «mejor prevenir que curar», pero no estoy cuidando la herida, mientras este mecanismo esté presente, esa herida está sangrando, estoy viviendo ya en ese rechazo y abandono porque creo que, si ocurre, cuando ocurra, no voy a poder sobrellevarlo o me da miedo hacerlo y puede que no esté ocurriendo eso que me da miedo en la realidad, pero sí en mi mente y si está ahí, también lo siente mi cuerpo. Es decir, no ha pasado, pero lo vivo como si estuviese pasando. No estás loca, es que el mundo lo vemos e interpretamos con este cuerpo y esta mentecita nuestra.

Mucha gente se sentirá identificada con el tipo de conductas que he mencionado y se habrá juzgado mucho en su momento, por haberlas tenido. ¿Esto qué indica? Un patrón de comportamiento muy común (no es particular tuyo).

La sensación de creer que no voy a poder lidiar con el problema, cuando ocurra, nos obsesiona, pero tú sabes que sí puedes, porque ya lo has hecho antes y podrías volver a hacerlo incluso mejor, porque ya no eres la misma que fuiste entonces, ahora sabes más cosas y eso tiene que jugar a tu favor, no en tu contra. Siempre habrá algo que aprender, la vida es impredecible, no nacemos preparados para enfrentarnos a todas sus caras, lo vamos haciendo con la experiencia y puede que algún día necesites ayuda, es normal, la vida a veces pega duro y no tenemos que lidiar con ella solas.

Ahora mismo sabes lo mucho que duele y ahí es donde solemos colocar el foco, pero cuando trabajas en todo esto, también sabes lo que hacer si pasa, sabes cuáles son tus límites, lo que te estresa y te desestresa, tienes más poder de decisión, eres más fuerte y, aunque todo esto esté en un plano más «inconsciente», está ahí y es donde puedes encontrar la confianza en ti misma para parar, dejar de correr y enfrentarte a ello en el hipotético caso de que tengas que hacerlo y no antes. Reserva tu energía para cuando necesites realmente utilizarla, pero no la gastes antes.

Es normal que el miedo te haga buscar protección en la hipervigilancia, interpretando señales que quizás no están ahí. Pero aquí está la buena noticia: no necesitas seguir sosteniendo esa carga. Cada vez que eliges pausar, respirar y cuestionar esos pensamientos, le das a tu mente y cuerpo un momento para sanar.

No estás atrapada en este mecanismo. Tienes la capacidad de romper el ciclo. Por más difícil que parezca ahora, cada paso que des hacia confiar más en ti misma y en tu entorno será una forma de cerrar la herida que una vez estuvo abierta. Lo que crees que te protege, puede transformarse en una herramienta para conectarte con lo que realmente importa.

No estás loca, tienes sospechas de que te están siendo infiel y tu herida ha tomado el control.

Si hablamos de hipervigilancia, no podemos ignorar una situación que, en la mayoría de los casos, activa por completo este mecanismo de defensa. **Cuando estamos preocupadas por la posibilidad de que nuestra pareja nos sea infiel y decidimos buscar señales, revisar su móvil, o este tipo de acciones comprobatorias, estamos aumentando nuestros niveles de cortisol**. Esto sucede porque este tipo de comportamiento activa el ciclo de vigilancia constante, lo que mantiene al cuerpo en un estado de alerta elevada. En lugar de calmar la preocupación, este tipo de acciones intensifica el estado de estrés, ya que el cuerpo sigue interpretando la situación como una amenaza potencial.

Buscar señales de infidelidad o revisar el móvil son comportamientos que equivalen a *ir más rápido* en términos de la respuesta de estrés. Al hacerlo, aumentas la actividad del sistema nervioso simpático, lo que provoca que se liberen más hormonas de estrés, como el cortisol. Este ciclo de búsqueda incesante o sobreanálisis puede hacer que la ansiedad aumente, lo que, en lugar de aportar claridad o tranquilidad, incrementa el malestar emocional.

Este patrón de comportamiento es un ejemplo de cómo intentar controlar una situación incierta (la posible infidelidad) puede tener el efecto contrario: aumentamos nuestro estrés, nos volvemos más reactivos y terminamos perpetuando la preocupación. Este estado prolongado de alerta y vigilancia es lo que activa más cortisol y refuerza el ciclo de ansiedad.

Por tanto, intentar *ir más rápido* mediante la hipervigilancia no ayuda a aliviar el estrés, sino que lo amplifica.

La clave para romper este ciclo es frenar y fomentar una comunicación abierta con la pareja, en lugar de dejarse llevar por impulsos que solo aumentan ese estrés y te mantienen viviendo en una infidelidad que no sabes si ha ocurrido y, lo más importante, no puedes controlar.

A veces pensamos que si estamos alerta, si analizamos al detalle y controlamos el comportamiento de nuestra pareja, el impacto de lo que podamos encontrar, será menor. Nos da una «falsa sensación de control» muy curiosa, porque por momentos nos *calma* esa ansiedad, ya que nos «estamos ocupando» para disminuirla, pero no desaparece, vuelve con más fuerza y para que esta se vaya, hago el triple de esfuerzo, un esfuerzo que vuelve a revertirse en mayor ansiedad. Y así será tremendamente difícil confiar en mi pareja porque si hay una señal, es una confirmación y si no hay señales, busco esa confirmación. No hay descanso.

¿Cómo empezar a cambiar?

La hipervigilancia emocional hay que entenderla como una respuesta que tiene mi sistema nervioso a experiencias pasadas, y mi papel, es el de empezar a reducir este mecanismo, cultivando una mayor tolerancia a la incertidumbre y una confianza en nuestras habilidades para manejar los desafíos.

Así que vamos a ver algunos pasos para comenzar:

1. **Vamos a intentar mantenernos en el presente:** Cuando tú empieces a notar los primeros síntomas de hipervigilancia (como preocupación por el comportamiento de los demás), redirige tu atención a tu respiración o a tu entorno inmediato. Tu entorno inmediato es lo que ves y las certezas que tienes ahora para que las suposiciones no inunden tu mente.

2. **Haz una lista de pruebas reales y temores imaginarios:** Anota las situaciones que activan tu hipervigilancia haciendo una diferencia entre pruebas reales y temores imaginarios. Para eso, pregúntate: ¿es esto una preocupación basada en hechos o en interpretaciones de mi mente? Esto te ayudará a distinguir entre los problemas reales y las proyecciones de tus miedos.
3. **Recuerda tus experiencias y habilidades:** Reflexiona sobre las veces que has enfrentado y superado situaciones de rechazo o conflicto. Reconoce que tienes las herramientas necesarias para afrontar problemas y que vivir en alerta constante solo desgasta la energía que vas a necesitar en el caso de que tengas que enfrentarlos. Y si identificas que no tienes las mejores herramientas, busca ayuda profesional, no porque estés loca, sino porque no tienes por qué hacerlo sola.

EJERCICIO.
Cuando llueva, abriré el paraguas

Este ejercicio está diseñado para ayudarte a reducir la hipervigilancia emocional, enfocándote en problemas reales cuando surgen, en lugar de gastar tu energía en preocupaciones anticipatorias. La clave no está en ignorar tus emociones, sino en darles un espacio para que no dominen tu vida.

Parte 1.
Detecta el momento de activación

1. **Reconoce los detonantes de tu hipervigilancia.**

   Piensa en las señales que te hacen sentir alerta o ansiosa, como un mensaje sin respuesta o un cambio en el tono de voz de alguien.

- Escribe una lista breve de esos momentos.
- Observa qué emociones se activan y cómo reaccionas ante ellos.

  Poco a poco te ayudará a identificar los patrones que activan tu sistema de alerta.

2. **Reflexiona sobre la interpretación automática.** Pregúntate:

- ¿Estoy interpretando este cambio como una señal de rechazo?
- ¿Estoy anticipando una consecuencia negativa sin tener pruebas suficientes?
  Al responder, crea una distancia emocional con el estímulo y date permiso para dudar de tu primera interpretación.

Parte 2.
Encuentra evidencias reales y busca una perspectiva equilibrada

1. **Haz una lista de hechos y temores.**

   Escribe qué elementos del entorno apoyan la idea de que algo va mal y cuáles son tus miedos. Pregúntate:

- ¿Es esta preocupación un reflejo de mi pasado o una realidad actual?
- ¿Qué pruebas tengo para creer que esto es cierto?

2. **Evalúa si el problema merece tu respuesta ahora.**

   Piensa en el presente y decide:

- ¿Esta situación requiere una acción inmediata o puede esperar?
- Si no tengo certeza de que haya un problema, puedo tomarme el tiempo para calmarme antes de actuar.

Parte 3.

Practica la confianza en tus recursos internos

1. **Escribe un recordatorio sobre tus habilidades.**

   Haz una lista de las herramientas y recursos que has adquirido para manejar situaciones difíciles. Incluye ejemplos concretos de cómo has superado rechazos o conflictos en el pasado. Recuerda que superar situaciones difíciles no solo depende de lo que los demás te dan, sino también de tu valentía para permitirte ser cuidada y acompañada.

2. **Reserva tu energía para problemas reales.**

   En lugar de vivir en estado de alerta constante, concéntrate en recuperar tu energía para cuando realmente la necesites.

- Repite una frase que te ayude a detenerte cada vez que sientas que la hipervigilancia te está agotando.

  Ejemplo: «No necesito enfrentar un problema hasta que esté segura de que existe. Estoy a salvo aquí y ahora».

Recuerda:
no siempre puedes evitar que llueva, pero puedes aprender a abrir el paraguas cuando realmente lo necesites. Este ejercicio no busca eliminar tus emociones, sino ayudarte a usarlas como una brújula en lugar de perderte la tormenta.

Seguimos con un clásico en Hartita, porque muchas entramos ahí de cabeza:

PERFECCIONISMO. LA SOMBRA DEL ROL

Si he crecido en un ambiente en el que solo era valorada por mis logros, no solo académicos o profesionales si no por la atención y el cuidado que brindaba a los demás, como atendía y ayudaba a las personas de mi alrededor, o incluso, la evitación de los problemas o la carga que podría ocasionarles, puedo creer que solo siendo *perfecta* evitaré el rechazo o el abandono.

Reformulo:

solo siendo así
(incluso a costa de mi propio bienestar),
es lo que me hace valiosa,
donde está mi punto fuerte como persona,
la forma en la que voy a conseguir
ser digna de afecto y estar bien, a salvo.

Pero esa perfección no siempre está enfocada en ser *perfecta* como tal o que la gente te vea así.

Se ve en cosas tan sencillas como pasarme horas repasando el mismo párrafo de un trabajo una y otra vez retrasando la entrega. Negarme a enviarlo porque pienso que es una mierda y que no está como *debería* estar. Que te resulte difícil delegar o priorizar tu descanso o diversión para que todo esté bien y la fiesta que preparas en tu casa sea perfecta aunque tu no la disfrutes. No quieres cometer errores porque te cuesta aceptarlos y no porque no sepas que cometer errores es normal, sino porque te machacas por haberlos cometido. Un error en tu comportamiento, el no tener la palabra correcta, en el momento correcto, temes que demuestre que no eres lo suficientemente buena para algo, para alguien pero sobre todo, para ti misma porque seguro que otras personas piensan que haces más de lo que ellas podrían hacer.

El perfeccionismo se disfraza de cuidado y esfuerzo, pero en el fondo es una manera de mantenerte atrapada en una lucha constante contigo misma.

No estás loca, eres perfectamente imperfecta y eso es precioso.

El perfeccionismo y la complacencia están vinculados al miedo al rechazo y muchas veces sirven como formas de evadir conflictos o de no enfrentarnos a nuestra propia vulnerabilidad. Estos mecanismos suelen llevarnos a buscar la seguridad emocional, pero reflejan una necesidad de aceptación en contextos que les generan inseguridad.

Hay que tener en cuenta que ese miedo al rechazo, en gran parte, viene del propio rechazo. Ese rechazo hacia nosotras mismas que viene de la mano de un discurso que generalmente es tremendamente invalidante. Siempre lo comparo con un pepito grillo en la cabeza que no te permite descansar porque al mínimo descuido, te fustiga con el látigo.

Ya, sé que me he puesto tremenda, pero igual es necesario para cambiar de perspectiva.

He mencionado la complacencia porque a veces este mecanismo de defensa se ve como «excesivamente servicial».

Yo a mi madre no la veo como una persona perfeccionista tal y como se entiende en el imaginario colectivo. Pero sé que lo es porque cuando viene alguien a casa, es excesivamente servicial, se asegura de que todo lo que hace o dice esté bien para los demás, desde cómo se organiza todo hasta lo que se divierten los invitados intentando satisfacer cada una de sus necesidades y por supuesto, buscando el reconocimiento y la validación por su esfuerzo. Qué menos. Lo que pasa es que si lo recibe, alimenta la idea de que ahí está su valor, eso que hace está bien, aunque no lo esté para ella misma y seguirá haciéndolo si nadie le recuerda que la preferimos con nosotros presente, que agotada y estresada. Y por supuesto, si las tareas no se reparten y tiene que vérselas no solo luchando por cambiar sus patrones, sino por convencer a los demás de responsabilizarse de algo que es común.

Aquí es importante entender, que de lo que se tiene que responsabilizar la gente no es de adquirir ese perfeccionismo como propio, es decir, de que todo esté al nivel de perfección que espera la persona perfeccionista, en este caso mi madre, pero sí involucrase en la medida de lo posible en algo que vamos a compartir y disfrutar todos y hacerlo con respeto. Su trabajo propio es el de aceptar que las cosas también están bien cuando no son perfectas, que a veces la perfección se encuentra en la imperfección y exponerse a sentirse valorada no por lo que hace sino por quien es. Y la ayuda que ofrecemos, también cumple con esa función porque la hace sentir vista y sostenida, lo que disminuye la presión al ver que los demás también se involucran y, por lo tanto, poder dedicar espacio a gestionar las emociones que le van a llegar cuando se salga de ese rol.

Muchas veces el mayor problema cuando tenemos este mecanismo, es que si no hacemos esas cosas, si nos comportamos como el resto, no nos ubicamos, no sabemos cuál es nuestro papel en el grupo y nos va a costar darnos permiso para parar y habituarnos a no tener siempre ese rol que nos ha sido impuesto en general a muchas personas y tener el papel de ser simplemente una madre, una hija, una amiga o novia que charla de lo que surja con su gente para darse cuenta de que su gente no está ahí por su perfeccionismo, sino porque sí, porque la quieren y punto.

También se ve cuando esa persona evita pedir ayuda porque siente que debe ser autosuficiente, teme que aceptar ayuda, le haga parecer insuficiente en su rol de cuidadora. Pero esto también pasa cuando tenemos otros roles eh, como los roles que adquirimos en clase o en el trabajo, lo que nos lleva a un agotamiento enorme tanto físico como emocional. Aun sabiéndolo, esa persona sigue haciéndolo precisamente para no perder ese rol que tanto daño le está haciendo y no porque esté loca, porque siente que, si no, pierde su lugar. Pierde eso que cree que los demás más valoran de ella o incluso lo que más valora de ella misma; ahí si tendríamos que hacer una revisión de por qué algo que me duele tanto y me impide disfrutar, he aprendido a valorarlo por encima de mi propio disfrute.

A veces tener un rol está bien, nos da sensación de pertenencia, pero los roles también pueden ser flexibles.

Ya vas viendo que por aquí hay un nivel bastante elevado de autoexigencia.

Quiero que tengas en cuenta que después hablaremos de la autoexigencia extrema como mecanismo de defensa, pero como aclaración, el perfeccionismo y la autoexigencia pueden compartir bases emocionales comunes como: Miedo al fracaso, la inseguridad o la baja autoestima. Si normalmente sueles tirar de perfeccionismo y te autoexiges en exceso, más de lo que les exiges a los demás, es posible que estés intentando llenar un vacío emocional o protegerte de posibles críticas o rechazos.

También debemos tener en cuenta que puede existir una retroalimentación mutua entre la autoexigencia y el perfeccionismo, donde la autoexigencia te lleve a establecer expectativas muy altas, mientras que el perfeccionismo no te permitirá cometer ningún error en el proceso de intentar alcanzarlas.

Esto generaría un ciclo donde se estaría reforzando la idea de que «nunca será suficiente lo que hagas» o «nunca serás suficientemente buena».

Si se combinan, puede llevarte a sentir que tienes más control sobre tu imagen, tu futuro y los resultados, pero a la vez, también puede llevar a una mayor ansiedad y frustración, ya que bueno, hay cosas que se escapan a tu control y el resultado no siempre es el esperado. Incluso cuando es mejor, te puede costar verlo como tal.

El perfeccionismo es una armadura que parece protegerte, pero también te aleja de la vida que mereces disfrutar. Te aleja de tus logros o de aquellas cosas positivas que llegan a tu vida sin que necesitases intervenir para que eso pasase.

Permitir que esa armadura se suavice no te hace débil, te libera. Cada pequeño error que aceptas es un acto de valentía. La vida no se trata de hacerlo todo perfecto; se trata de estar presente y disfrutar.

Y recuerda esto que es importante: la mejor versión de ti no es la más perfecta, sino la más libre.

¿Cómo empezar a cambiar?

El perfeccionismo es una armadura que parece protegernos, pero que a largo plazo nos aísla y nos llena de agotamiento y autocrítica. Así que te propongo algunos pasos para empezar a reducir este mecanismo y permitirte experimentar una vida más tranquila y menos exigente.

1. **Cuestiona la perfección**

   Pregúntate qué es lo que realmente temes al no ser *perfecto* en cada detalle o de no dar la talla. ¿De dónde proviene esta necesidad de estar a la altura? ¿Los demás valoran realmente tu perfección o estarían igualmente felices viéndote relajada y disfrutando? Y lo más importante. ¿En qué lado te gustaría verte a ti misma?

2. **Establece estándares alcanzables**

   Piensa en lo que significa para ti *hacerlo bien* en lugar de *hacerlo perfecto*. Por ejemplo, en lugar de decir «debo hacer todo sin errores», establece un estándar más flexible como «voy a hacer lo mejor que pueda en este momento». Así nos permitimos encontrar un equilibrio y que la ansiedad no domine nuestro día a día.

3. **Acepta los errores como aprendizaje**

   Cambia la perspectiva de los errores como fallos a verlos como oportunidades de aprendizaje. Intenta analizar los errores sin juzgarte, recordando que nadie es perfecto y que los errores también nos pueden conectar con el resto.

Tú piensa que si todos te ven perfecta, superindependiente, como si no necesitases nada, no van a ver la «necesidad» de cuidarte. Y el cuidado, crea lazos, nos hace sentir valiosos y nos conecta más profundamente con esa persona.

EJERCICIO.
Reduciendo el rol de la salvadora.

Este ejercicio está diseñado para ayudarte a identificar cómo el perfeccionismo te lleva a la autoexigencia y a trabajar en la autocompasión y la flexibilidad. La clave no es «hacerlo perfecto», sino permitirte experimentar desde la libertad y el cuidado hacia ti misma.

Parte 1.
Reflexiona sobre los momentos de autoexigencia

1. **Identifica una situación reciente.**

   Piensa en un momento en el que hayas sentido que debías hacerlo todo perfectamente:

   - Una reunión de trabajo.
   - Un evento social.
   - Un proyecto personal.

   Describe lo que pasó y cómo te sentiste antes, durante y después de la situación. Reconocer los pensamientos que acompañaron a este momento te ayudará a entender el patrón.

2. **Identifica el miedo subyacente.**

   Pregúntate:

   - ¿Qué temía que sucediera si no lograba hacerlo perfectamente?
   - ¿Qué creencias tengo sobre mí misma cuando no cumplo con esos estándares?

   Escribe tus respuestas, identificando si el miedo está relacionado con el rechazo, la crítica o la pérdida de tu valor.

Parte 2.

Practica nuevos estándares

1. **Establece un nuevo estándar.**

   Elige una actividad donde tiendes a ser perfeccionista.

   - En lugar de pensar: «Todo debe salir impecable», define: «Voy a disfrutar este momento y estar presente».

2. **Piensa en los errores como parte del proceso.**

   Durante esa actividad, permite que surjan pequeños errores o momentos que no salgan como esperabas.

   Cuando notes pensamientos críticos, respóndete a ti misma de la siguiente manera:

   - «Está bien que esto no sea perfecto. Lo que me he esforzado ya y mi presencia son más que suficientes».

Parte 3.

Focalízate en la autocompasión y el autocuidado

1. **Gran parte de tu energía, dirígela hacia el autocuidado.**

   Después de realizar la actividad, dedica un momento para disfrutar algo que te nutra emocionalmente:

   - Leer un libro. Ver una serie.
   - Salir a pasear.
   - Escuchar tu canción favorita.

2. **Anota aquellos tus logros que no son fruto de la perfección.**

   Lleva un diario donde escribas las veces en las que lograste ser menos exigente contigo misma. Habla de cómo te sentiste al hacerlo y qué aprendiste de esa experiencia.

Vamos a por otra que se parece a la anterior, pero antes, quiero recordarte que todo esto que te estoy contando, lo hago porque necesitamos quitarnos de la cabeza que estamos locas por hacer o pensar ciertas cosas, locas porque nos lo dijo Fulanito o Menganito cuando nos rayamos porque no nos escribe o locas porque es fácil desacreditarnos diciéndonos eso cuando estamos intentando manejar la presión que sentimos.

Mi intención es que puedas identificar de dónde viene, cómo se ve y que no necesitas seguir haciéndolo.

COMPLACENCIA EXCESIVA. EL IMÁN DE LA APROBACIÓN

Una persona que vivió el abandono de un ser querido, tanto a nivel físico como emocional, podría empezar a poner las necesidades de los demás por delante de las suyas, para evitar que las personas importantes de su vida, se alejen. Esto sucede porque buscamos protegernos del dolor del rechazo, pero, sin darnos cuenta, nos alejamos de nosotras mismas.

Cuando vivimos el abandono emocional, dejamos de priorizarnos, perdiendo de vista nuestras propias necesidades. Nos definimos por nuestros miedos: miedo a no ser suficientes, miedo a que se vayan, miedo a estar solas. Pero somos mucho más que nuestros miedos. Somos personas con necesidades individuales que merecen atención, cuidado y espacio, más allá de esas heridas.

¿Cómo se ve la complacencia excesiva en el día a día?

- El no poder decir que no, incluso cuando te sientes agotada o no tienes ganas.
- Ponerte a disposición de todos, aceptando cualquier plan o petición, incluso si va en contra de lo que realmente deseas.
- Pensar que «no me apetece» no es un motivo válido para negarte, cuando en realidad sí lo es.
- Sentirte culpable incluso en circunstancias extremas y, aun así, te preocuparas más por no cumplir con las expectativas de otros que por tu propia recuperación.

El no poder decir que no, el ponerme a disposición de todos, aceptando cualquier plan o petición, incluso si no te apetece. Porque que no me apetezca, no es suficiente motivo para no hacer algo (sí lo es), pero cuando tengo motivos de sobra, tampoco digo que no. ¿Crees que podrías estar ingresada en el hospital y no sentirte mal por no haber podido ir a X sitio o hacer X cosa por esa persona o personas, o, el estar hospitalizada podría suponer para ti una angustia enfocada en no estar para los demás?

Hay gente que me dice: «Cris, yo, si no puedo ayudar a mi amigo a hacer la mudanza, se lo digo y no pasa nada». ¿Pero cuántas acciones compensatorias ofreces o realizas, incluso sintiéndote agotada? No hablamos de momentos puntuales, hablamos de varias situaciones similares.

Cuando decimos «haría lo que fuera por los que quiero» y miramos atrás, nos damos cuenta de cuántas veces hemos sacrificado tiempo y energía personales para mantener relaciones, aunque nos sintiéramos agotadas o sobrecargadas. Este miedo a la soledad, especialmente el que sentimos las personas que hemos vivido abandono emocional, nos lleva a conductas que, paradójicamente, nos hacen sentir más solas e incluso nos conectan con personas, que nos hacen sentir así. Bueno, realmente somos nosotras quienes nos conectamos con ellas, porque permitimos ese vínculo y permitimos ese patrón desigual.

¿Por qué? Porque al abandonar nuestras propias necesidades, perpetuamos el abandono que vivimos en el pasado. Y terminamos aceptando la presencia de personas en nuestra vida que no aportan, pero cuya compañía creemos necesitar. Esto nos deja en una paradoja dolorosa: rodeadas de gente, pero emocionalmente solas. Y lo que es peor, seguimos tirando de complacencia para mantener vínculos con personas que no tienen la capacidad de sostenernos emocionalmente.

En lugar de pedir o mostrar lo que necesitamos, alimentamos esa no disponibilidad emocional del otro, complaciendo en exceso. ¿El resultado? Un doble abandono: el suyo y el nuestro.

> No estás loca
> por intentar complacer
> a los que te importan, pero a veces,
> no es recíproco. Y eso no es justo.
> Ahí está el problema.

Y quiero recordarte algo que es superimportante: Comunicar nuestros límites es un acto de amor propio y una invitación al otro a respetarnos.

Cuando dices cosas como: «Lo siento, pero no puedo estar aquí si me tratas así», es una oportunidad para que la otra persona demuestre si puede y quiere cuidar esa relación. Si alguien verdaderamente te valora, respetará esos límites, si no, se apartará, y te ahorrará el dolor de una relación que no está equilibrada.

Definir límites no solo protege tu energía, también te libera de la necesidad de adaptarte a espacios o personas que no te benefician. Al hacerlo, dirigimos esa energía hacia nuestras propias necesidades. Imagina todo lo que podrías lograr si usaras tu capacidad de cuidar y complacer, o al menos, parte de ella, en cuidarte a ti misma. Ya iba siendo hora de que te priorices.

Sé que te vas a sentir egoísta, es parte de cambiar este patrón. Y no se trata de dejar de ser buena con la gente o dejar de tener actos de servicio o cuidar. Se trata de tener un espacio propio y poder compartirte de forma segura. Se trata de conectar con personas que te quieran y no que te necesiten, como si solo fueses una herramienta más.

Sé que antes he dicho que las personas somos herramientas, y sí, lo somos, pero la misma comprensión que empleamos en entender que los demás tienen su espacio y nos pueden ayudar sin necesidad de perderlo, debemos aplicarla a nosotras mismas.

¿Cómo empezar a cambiar?

Para comenzar a reducir la complacencia excesiva, es fundamental reconectar con tus necesidades y límites y practicar la autoafirmación. Aquí te presento algunas pautas para comenzar este proceso:

1. **Identifica tus necesidades personales**

   Haz una lista de tus necesidades emocionales, físicas y personales. Pregúntate qué necesitas para sentirte bien y en paz contigo misma. Esto te ayudará a entender lo que realmente quieres, sin enfocarte en la aprobación de los demás.

2. **Practica el decir «no» de manera gradual**

   Comienza con situaciones pequeñas en las que te sea más fácil decir que no. Si una amiga te pide un favor en un día que te sientas cansada, intenta expresar que no puedes y observa tu reacción. Esto te ayudará a fortalecer tu habilidad para decir no y establecer límites. Aunque al principio cueste.

3. **¿Cuáles son tus creencias sobre el rechazo?**

   Por qué te resulta tan difícil decir no o priorizarte. Es posible que descubras creencias limitantes sobre el rechazo o el abandono, que puedes trabajar para reformular.

   Recuerda que poner límites no significa que las personas que te quieren se alejarán. En las relaciones sanas se respetan las necesidades de ambas partes.

EJERCICIO.
El reflejo de las necesidades

Este ejercicio tiene como objetivo ayudarte a identificar y priorizar tus propias necesidades, sin dejar que la complacencia te lleve a ignorarlas.

Parte 1.
Identificación de necesidades

1. **Reflexiona sobre una situación reciente**

   Piensa en un momento en el que hayas dicho sí a algo, aunque no te sintieras bien haciéndolo.

   Escribe cómo te sentiste en ese momento y las razones que te llevaron a aceptar algo que no querías.

2. **Identifica la necesidad detrás de la complacencia.**

   Pregúntate: ¿Qué necesidad mía estaba ignorando en esa situación?

   Quizás necesitabas descanso, tiempo para ti o la oportunidad de hacer algo que disfrutaras.

   Anota esta necesidad en un lugar que puedas tener a mano y ver a menudo.

Parte 2.
Practicar el «no» de forma gradual

1. **Escoge una situación fácil para practicar.**

   Elige una situación próxima en la que sepas que probablemente dirías sí, aunque realmente no lo quieras.

   Puede ser una pequeña quedada, un favor sencillo o una actividad que no te hagas especial gracia o a una persona que siente que absorbe tu energía y te deja agotada.

2. **Decide previamente como dirás que no.**

   Antes de la situación, practica cómo dirías no.

   Usa frases asertivas como: «Hoy prefiero descansar, pero gracias por invitarme» o «Me gustaría ayudarte, pero ahora necesito enfocarme en mí».

   Esto te ayudará a sentirte preparada y reducir la ansiedad de rechazarlo.

3. **¿Cuál es tu reacción y tus emociones al hacerlo?**

   Después de decir no, date un momento para pensar en cómo te sentiste.

   ¿Has sentido alivio, rechazo, miedo al hacerlo?

   Cuando reflexiones sobre ello, pregúntate si realmente el rechazo ocurrió o si lo que sientes es que tus preocupaciones no se han materializado.

Este análisis te ayudará a fortalecer tu capacidad de decir no sin sentirte excesivamente responsable de los demás.

Parte 3.
Autovalidación

1. **Haz una afirmación positiva sobre tus límites.**

   En esta parte tenemos que practicar una frase que te ayude a recordar que tus necesidades son válidas:

   «Mis límites son igual de importantes que los del resto», «No necesito la aprobación de otros para validar lo que siento».

2. **¿Cuál es el impacto en tus relaciones?**

   Observa si al establecer límites notas alguna diferencia en la forma en que los demás responden. Es posible que algunas personas respeten tus decisiones y se acerquen más a ti al permitirles conectar con tu vulnerabilidad.

Este ejercicio te va a ayudar a conectar con tus necesidades y a reducir la complacencia excesiva poco a poco. Con el tiempo, podrás fortalecer tu habilidad para establecer límites sin miedo al rechazo, permitiéndote construir relaciones más equilibradas y beneficiosas para ti.

Os voy a presentar el siguiente mecanismo de defensa que le ha traído por la calle de la amargura a muchas Hartitas y algo me dice que en algún momento, a la mayoría de vosotras, también. No soy bruja, pero me esfuerzo por serlo.

EVITACIÓN DE LA VULNERABILIDAD. EL ESCUDO QUE PESA DEMASIADO

Si en el pasado una persona fue criticada o rechazada por mostrar sus emociones, podría haber aprendido a cerrarse y ocultar sus sentimientos para no parecer débil o insuficiente. Imagina a un niño al que no le hacen caso cuando se encuentra mal porque sus padres no están disponibles emocionalmente, están discutiendo o demasiado ocupados con sus propios problemas. El niño se va a su cuarto a llorar y se pone a jugar con sus muñecos. Ese es su momento de paz, su forma de gestión. Primero se aparta porque le apartan, se queda con toda esa intensidad emocional sin saber qué hacer con ella y se pone a hacer algo que le relaja.

Cuando eres adulta y vuelves a sentir esas emociones como el rechazo, es normal que se dispare el patrón evitativo.

- Intentar no enfrentarme a situaciones donde me sienta vulnerable.
- Así no me enfrento al rechazo.
- Me pongo a hacer cualquier cosa que me evada, como tocar la guitarra, salir de fiesta o jugar a la Play.

Se genera la sensación de ¿para qué me voy a enfrentar a esto, pudiendo evitarlo?

De esta forma siento que *cuido* mi relación y me cuido a mí, porque no me expongo a *perjudicarla* hablando de algo que al otro, claramente no le va a gustar porque es probable que tenga que ver con lo que recibo de esa persona o con lo que siento yo y no quiero tampoco que se sienta rechazada, ni sentirlo yo, pero en el fondo nos estoy rechazando a los dos.

Reforzamos la distancia emocional con la otra persona y perpetuamos nuestro propio rechazo.

Es una lógica que tiene mucho sentido, pero si nos paramos a analizarla, es algo que termina agravando el problema, ya que no me enfrento a él, lo ignoro. Y en consecuencia, me ignoro a mí e ignoro a quien busca en mí, lo que yo buscaba en mis padres u otras personas y no encontraba.

Debemos tener en cuenta que enfrentarnos a los problemas de pareja, de amistad o de familia, nos coloca en una posición de vulnerabilidad, porque estoy discutiendo algo que es importante y profundo con personas que tienen *mucho poder* sobre mí. Su reacción va a impactar en mí, su forma de expresarse también y su manera de gestionar la situación puede favorecer que yo salga de aquí sintiéndome mucho más aliviada y conectada contigo o todo lo contrario. Intento evitar lo contrario, principalmente. Porque a falta de saber cómo reaccionarás, prefiero no saberlo.

No estás loca,
te sientes vulnerable y huyes
porque al no exponerte a serlo,
es muy muy difícil que adquieras
nuevas herramientas para poder
gestionar las situaciones o emociones
que te resultan más complicadas
y comprobar que no siempre
una discusión está asociada
a violencia o rechazo.

Hemos hablado mucho de cómo cuidar la herida y creo que es un buen momento para reflexionar sobre qué implica ese cuidado en este caso. Te voy a poner ejemplos para que esto se vea mucho mejor.

Ejemplo 1.

Cuidamos la herida cuando, en lugar de quedarnos en una relación donde siento rechazo una y otra vez, porque no me trata como si fuese una prioridad, o con respeto o me hace ley de hielo, respeto mis límites (me cuido) y me voy porque no puedo seguir en este entorno que duele. Ahí, evito enfrentarme a un rechazo que objetivamente nadie debería experimentar de continuo, que destroza mi autoestima y que activa otros mecanismos de defensa como la hipervigilancia. Me voy porque no puedo controlar lo que decide hacer mi pareja, pero puedo decidir que lo que me ha demostrado que hace con mis esperanzas, confianza, esfuerzo y comprensión, no es bueno para mí y no es bueno para nadie. Estoy cuidando la herida de rechazo que se está creando, aunque de la sensación de que estoy huyendo.

Sería huir, si cuando tú me expresas que estás agobiada porque sientes que no eres una prioridad para mí o porque te ha dolido algo que yo he hecho, me marchase porque no quiero o no puedo enfrentarme ahora al esfuerzo que supone tener cierta responsabilidad afectiva. Esa responsabilidad, muchas veces, está asociada a la culpa de no haber hecho las cosas bien, y quizás lo sé, pero no quiero enfrentarme ni a cambiarlas, ni a sentirme mal por ello, ni a sentirme mal porque tú te sientas mal.

Esto tiene que ver con la falta de herramientas que tengo tanto para gestionar esa culpa o responsabilidad para conmigo y el otro, como para afrontarla.

Puede ser culpa, pero también sensación de insuficiencia, rechazo, reducción de libertad, etc.

Me voy sin exponerme a ello y, por lo tanto, sin la posibilidad de encontrar reparación, crecimiento, reconstrucción, satisfacción y sensación de logro, que vienen asociadas a esta gestión emocional.

Ejemplo 2.
Cuidamos la herida cuando nos enfrentamos al miedo que nos produce sentirnos vulnerables o culpables. Cuando, en lugar de huir de esas situaciones, me quedo, valido lo que siento, lo intento expresar mientras propongo una acción que voy a realizar de ahora en adelante. Tengo que exponerme al miedo y para eso, también tengo que aprender a elegir a las personas con las que me expongo. Porque de nada me vale hacerlo si con quien estoy, es una persona que me invalida, me censura, me hace sentir insuficiente, me da mensajes contradictorios, los acuerdos de la relación no son claros o son insatisfactorios e inseguros... Necesitamos estar con personas que sepamos que nos quieren porque nos lo demuestran con sus acciones. Y ahí, sí puedo enfrentar ese miedo, porque no hay un peligro que esté viendo claro, del que me tenga que proteger.

¿Cómo empezar a cambiar?

Cambiar el patrón de evitar mostrarme o sentirme vulnerable, implica reconectar con tus propias emociones y atreverte a expresarlas de manera gradual. Esto no significa que vayas a exponer todo de golpe, sino dar pequeños pasos hacia una comunicación más honesta contigo y con el resto.

1. **Empezamos parándonos a pensar en nuestras emociones y a validarlas.** Antes de empezar a compartir con los demás, nos toca practicar el reconocer lo que sentimos.

   Puedes escribir sobre esas emociones o reflexionar sobre ellas. Aceptar tus sentimientos es el primer paso para poder expresarlos sin sentirte débil o demasiado expuesta.

2. **Practicar la vulnerabilidad en dosis pequeñas.**

   No es necesario lanzarse a hablar sobre temas profundos de inmediato, puedes empezar compartiendo aspectos de tu día o tus emociones de una forma sencilla, sin demasiados detalles. Poco a poco te irás sintiendo más cómoda abriéndote. La finalidad no es que seas un libro abierto, es que puedas mostrarte libremente hasta donde quieras.

3. **Hazlo con personas de confianza.** Independientemente de los miedos que tengamos, no todo el mundo puede conectar con nosotros como necesitamos, pero hay gente que sí y esas son las personas de confianza que necesitas elegir para empezar esta apertura emocional.

EJERCICIO.
Desarmando paredes

Con este ejercicio, lo que haremos será reducir la evitación de la vulnerabilidad para permitirnos expresar y explorar emociones de manera segura en un espacio seguro.

Parte 1.
¿Cuáles son tus emociones y sus desencadenantes?

1. **¿Cuáles son esas emociones en situaciones de incomodidad?**
   Identifica las emociones que sentirte y los motivos que te llevaron a no compartirlas. Este análisis te ayudará a entender qué desencadena tu evitación (pensamientos, creencias, actitudes...).
2. **Valida tus emociones**
   Recuerda que tus emociones son tan válidas como las de cualquier persona. Sentirte vulnerable es natural, no estás haciendo nada mal por ello. Tener frases en la cabeza como «yo no necesito nada» o «yo no pido nada» te acaba llevando a ignorar tus propias emociones. Pero ojo, esas emociones, aunque las ignores, son las que te están alejando de los demás, así que claramente tienen un peso importante. Dales a tus emociones el lugar que se merecen.

Parte 2.
Aprende a expresar tus emociones poco a poco

1. **Empieza con algo pequeño**
   Piensa en algo que haya pasado recientemente y que te haya incomodado o dolido.

Habla con alguien en quien confíes y dilo de forma breve y sencilla.

Algo como: «Cuando pasó X, me sentí Y. Solo quería que lo supieras». No hace falta profundizar mucho; el objetivo es practicar la vulnerabilidad poco a poco.

2. **Mira qué pasa después y reflexiona**

   Cuando lo hagas, fíjate en cómo te sientes y en cómo responde la otra persona. A veces, el simple hecho de abrirte y no recibir rechazo te ayuda a confiar más en expresar lo que sientes.

Parte 3.
Construye confianza en ser tú misma

1. **Recuerda momentos positivos**

   Piensa en ocasiones en las que te abriste y te sentiste escuchada. Escríbelas para tenerlas presentes. Ver que otras veces lo hiciste y no pasó nada malo te puede ayudar a reforzar la idea de que no siempre ser vulnerable acaba en rechazo.

2. **Ten una frase a mano. Algo tan simple como:** «Decir lo que siento me hace fuerte, no débil». Tener esto claro te ayudará a recordar que ser tú misma no solo es importante, sino esencial para conectar de verdad con los demás. Y, oye, no tienes que ir siempre con una coraza para demostrar lo fuerte que eres.

La evitación de la vulnerabilidad, puede ir de la mano de este otro mecanismo de defensa que te presento ahora:

AISLAMIENTO EMOCIONAL. LA BURBUJA DE CRISTAL

Una persona que ha sido herida por una traición o abandono emocional puede aprender a evitar relaciones cercanas para protegerse.

Reformulo:

solo manteniéndose «a salvo»,
sin acercarse demasiado,
puede protegerse del dolor.

Pero este aislamiento no siempre se presenta como una desconexión total. Muchas veces, la persona sigue presente en su entorno, pero con una «coraza invisible» que le impide abrirse realmente.

Debemos tener clara una cosa y es que en nuestros vínculos cercanos, siempre se crea una dependencia. No necesariamente tiene que ser una dependencia *mala,* es natural que, si te quiero y te veo afectada, yo también me sienta afectada porque me importas y me duele verte así. Es normal que quieras que tu pareja sea sostén y cuidado, somos seres sociales y tenemos necesidades que se satisfacen a través de nuestros vínculos.

Pero también es cierto que el Aislamiento Emocional, nos da esa sensación de control, donde sentimos que manteniendo esa distancia emocional, nos protegemos de los efectos negativos de la dependencia emocional. Una dependencia que puede generarse cuando estamos, por ejemplo, con personas emocionalmente no disponibles (END) o en relaciones de intermitencia, condicionadas de poder, doble vinculación...

¿Qué ocurre a veces? Que al no trabajar estas emociones y dinámicas, nos vamos al polo opuesto de la dependencia emocional en lugar de quedarnos en una interdependencia, que es lo sano. Un espacio donde yo puedo regularme sola o gracias a otras esferas de mi vida y también pueda regularme con mi pareja. Nos vamos a la autosuficiencia defensiva como estrategia de afrontamiento, pero también como manifestación de un apego evitativo.

Las investigaciones en teoría del apego (Bowlby, Ainsworth) muestran que este patrón se desarrolla cuando, en la infancia, la persona aprendió que depender emocionalmente de alguien conlleva un riesgo, ya que sus necesidades afectivas no fueron satisfechas consistentemente. Como mecanismo, el cerebro se adapta generando un rechazo a la vulnerabilidad, defendiendo así la estabilidad emocional a través del aislamiento.

Pero esto no solo ocurre en la infancia, también puede aparecer en otros momentos de nuestra vida, por otro tipo de experiencias.

Esta autosuficiencia extrema no es innata, sino una reacción a una experiencia de apego inseguro, donde, si bien puede ser efectiva para evitar sufrimiento inmediato, a largo plazo genera una barrera para la intimidad y el apoyo emocional genuino.

Creo que es importante que ahora hablemos de los pros y contras de esta autosuficiencia extrema, ya que hay un discurso muy difundido relacionado con «no esperes nada de nadie».

Vamos a desgranarlo.

PROS de la autosuficiencia defensiva

1. **Evitas el dolor inmediato.** Ser autosuficiente funciona como una armadura y ocultar lo que sientes y no depender de nadie parece una solución rápida para evitar el sufrimiento.
2. **Sientes que tienes el control.** Al no abrirte, crees que todo está bajo control. Piensas que no necesitar a nadie te hace fuerte e impenetrable.
3. **Te vuelves resolutivo/a en ciertas áreas.** Esta autosuficiencia te obliga a ser independiente y enfrentar los retos del día a día por tu cuenta.

CONTRAS de la autosuficiencia defensiva

1. **Te cuesta conectar de verdad:** Este *escudo* acaba aislándote, dificultando que crees vínculos profundos y genuinos.
2. **Aumenta la soledad:** Cuanto más te proteges, más lejos pones a los demás. Esto puede hacer que te sientas sola/o o desconectada/o.
3. **Genera ansiedad e inseguridad:** Paradójicamente, evitar el dolor puede crear más miedo y ansiedad cuando surgen situaciones en las que tienes que depender de otros.

El aislamiento emocional te pasa factura de forma sutil.

- Puede que nunca hables de lo que te duele, que escuches a los demás sin compartir nada tuyo, o que construyas una coraza tan gruesa que ni tú misma/o sabes cómo abrirla. Pero no estás loca/o por hacer esto: solo intentas protegerte.
- Construyes un castillo con muros altos para sentirte segura, pero esos muros también te aíslan. Cuanto más altos son, menos espacio hay para conectar con los demás y sentir seguridad dentro de un vínculo profundo.

¿Cómo empezar a cambiar?

No se trata de derribar el castillo de golpe, sino de abrir pequeñas ventanas. Puedes empezar dando pasos pequeños, como compartir algo sin importancia con alguien en quien confíes como el ejercicio de la evitación de la vulnerabilidad. Aunque al principio te sientas incómoda, poco a poco ese espacio de aislamiento puede transformarse en conexión.

Eso sí, no confundas abrirte con permitir comportamientos que jamás aceptarías para alguien que quieres. Muchas veces, al intentar abrirnos, olvidamos nuestros estándares o límites.

Es crucial tener claras tus líneas rojas antes de abrirte a alguien:

- No tolerarías que a una amiga le dijeran: «Nadie te va a querer», entonces, ¿por qué lo toleras tú?
- Golpes a mesas, humillaciones, insultos... Esto no tiene que ver con *ser sensible,* son líneas rojas que nadie debería cruzar.

EJERCICIO.
Abrir ventanas en tu castillo

Este ejercicio te ayuda a conectar sin renunciar a tu seguridad.

Paso 1.
Define tus líneas rojas y límites saludables

Líneas rojas. Haz una lista de comportamientos que son inaceptables para ti. Por ejemplo:

- Descalificaciones como «Nadie te va a querer».
- Golpear mesas o usar un tono humillante.

Límites personales. Anota lo que necesitas para sentirte cómoda/o al abrirte. Ejemplo:

- «No voy a compartir algo personal si no siento confianza».

- «No me forzaré a hablar de temas que aún no estoy preparada/o para compartir».

Paso 2.
Practica pequeñas acciones de apertura

- **Elige una persona de confianza:** Busca a alguien que te haga sentir segura/o y respete tus límites.
- **Comparte algo pequeño:** No tienes que abrirte del todo, empieza con algo pequeño. Ejemplo: «Estos días me he sentido un poco agobiada/o, pero no sé exactamente por qué». «A veces siento como si tuviera una barrera con los demás».
- **Observa la respuesta:** Evalúa cómo te sientes después de compartir.

  ¿Te respetaron? ¿Te sentiste escuchada?

Paso 3.
Sigue abriendo ventanas con cuidado

- **Practica con otras personas** o en diferentes contextos, pero manteniendo siempre tus límites claros.
- **Presta atención a posibles banderas rojas:** si alguien no respeta tus límites o te hace sentir insegura/o, ajusta lo necesario.

Para finalizar.
Cada semana, anota tus progresos.

- ¿He conectado con alguien sin comprometer mis límites?
- ¿Qué he aprendido sobre mí misma en este proceso?

Abrir esas «ventanas» te ayudará a construir relaciones donde puedas ser tú, sin miedo a exponerte.

2ª PARTE

TODO O NADA

Ya que estamos hablando de mecanismos de defensa y heridas, cuando nos vemos en situaciones en las que terminamos rogando o suplicando, asumimos automáticamente que lo que está mal, es hacer eso, la acción en sí misma, pero por qué ocurre importa, y mucho, tanto para cambiarlo como para gestionar lo que sentimos.

Cuando yo escucho a alguien, en sesión como en Hartita, expresar lo que siente en una situación así, normalmente lo dicen con mucha culpa, así que, vamos a desgranar esto para entender el contexto y para ello, te voy a mostrar una petición que nos escribió hace un tiempo una persona en Hartita y le añadiré cosas que también mencionó en el grupo:

> *Hola Hartitas,*
>
> *Hoy me animo a compartir algo que me cuesta admitir, pero sé que es necesario.*
>
> *Me he dado cuenta de que en mi relación he llegado al punto de rogar por atención.*
>
> *Me encuentro enviando mensajes tras mensajes cuando mi pareja se va sin decir nada, diciéndole «por favor, solo respóndeme» o esperando horas a que me devuelva una llamada que nunca llega. Y cada vez que lo hago, siento cómo se me encoge el corazón, como si estuviera perdiendo un pedazo de mí misma.*
>
> *Cuando él no está o se aleja sin explicaciones, me desespero. Pienso que si insisto un poco más, si hago algo diferente, tal vez me responda. He llegado a quedarme despierta toda la noche revisando el móvil, buscando alguna señal de que le importe. Cuando finalmente*

me responde con un simple «todo bien», me siento aliviada, como si esa mínima respuesta fuera suficiente para calmarme por un momento. Pero luego todo vuelve a empezar, y otra vez me encuentro en la misma situación, esperando, suplicando.

Sé que aguanto estos silencios porque tengo miedo de que si dejo de buscarle, se alejará del todo. Me asusta soltar y sentir ese vacío que llega cuando no hay mensajes, ni llamadas, ni su atención. He aprendido a callar mis propias necesidades para no enfrentarme al desprecio de sentirme ignorada.

Es difícil admitirlo, pero quiero que sepáis que lo comparto con vosotras porque sé que no soy la única.

Sé que muchas hemos sentido que tenemos que hacer todo por mantener una conexión, incluso cuando duele.

Gracias por escucharme y por ser ese apoyo que tanto necesitamos para recordar que también nosotras somos parte importante.

Si es un tema que te toca de cerca, te envío un abrazo enorme y espero que puedas leer esto con todo el cariño del mundo.

Normalmente, los motivos por los que llegamos a esta situación, son los siguientes:

- **Miedo al abandono.** Me angustia mucho el pensar que voy a ser dejada de lado, lo que me lleva a buscar desesperadamente la validación y la atención de mi pareja.
- **Miedo a no ser suficiente.** Haber o no haber hecho algo que haya marcado la diferencia entre estar y no estar juntos. Te preguntas si lo que haces, dices o eres es realmente valioso o si solo estás defraudando a los demás. Es una sensación de estar siempre en deuda, de no alcanzar el nivel que crees que los demás esperan de ti.
- **Miedo a la soledad.** La idea de estar solo/a me genera una ansiedad abrumadora, llevándome a hacer lo que sea necesario para mantener la conexión, incluso rogar.
- **Baja autoestima**. Creo que mi valor depende de la aprobación y el afecto de mi pareja (probablemente porque es mi mayor o única fuente de cariño o validación), por lo que suplico atención para sentir que sigo siendo importante.
- **Apego ansioso**. Tengo un estilo de apego que me hace sentir insegura cuando mi pareja no me reafirma lo que siente por mí o lo que quiere o cuando experimento cambios en su conducta.
- **Dependencia emocional**. Mi bienestar y estabilidad dependen de la atención y el cariño de otra persona.
- **Refuerzo intermitente**. He vivido momentos en los que mi pareja me dio una de cal y, otros, una de arena, creando una dinámica donde busco esos momentos de validación, cada vez, con mayor intensidad. Como si fuese adicta a eso.
- **Creencias distorsionadas sobre el amor**. Creo que el amor implica sacrificarse y sufrir. Esto me ha llevado a normalizar, rogar y suplicar por miedo a que me retire su afecto.

¿Qué ocurre en esta situación en concreto?

Esta situación refleja un patrón de relación que puede convertirse en fuente de sufrimiento y desgaste emocional:

1. **Relación desequilibrada.** Es muy bonito esforzarse por cuidar y sostener una relación, pero cuando uno pone más esfuerzo en la relación que su pareja, aparece una dinámica en la que las necesidades de una parte, predominan sobre la otra y esta queda relegada, invisible.

   Este desequilibrio, lo que genera es un tipo de vínculo donde la seguridad emocional (un factor importantísimo), depende de cuanto esfuerzo se haga en mantener a la otra persona a tu lado, y esto, puede llevar a un tipo de relación tóxica. Ya que a largo plazo, la persona que más da, puede terminar agotada y con una sensación de insatisfacción e insuficiencia constante al no sentir que sus esfuerzos son correspondidos.

2. **Refuerzo de acciones dañinas.** Cuando llegas al punto de suplicar o rogar por atención, cariño, comunicación o respeto, esta acción alimenta la falta de reciprocidad en la relación. Cuanto más suplicamos, más se refuerza el mensaje de que la persona que suplica, *debe ganarse* esas cosas que son básicas, en lugar de recibirlo de manera natural. Esta dinámica favorece la dependencia emocional, ya que terminas condicionada a hacer *méritos* como si se tratase de luchar por entrar en un partido donde no debería existir peaje.

3. **Genera un ciclo de ansiedad difícil de cortar.** Rogar o suplicar también mantiene viva una ansiedad constante por el miedo al abandono. Es como echarle gasolina. Este comportamiento refuerza la creencia de que el amor de la otra

persona podría desvanecerse en cualquier momento si no se está *demostrando* lo suficiente. La ansiedad de perder a la pareja o de no ser suficiente para mantenerla crea un ciclo vicioso en el que, cuanto más se teme el abandono, más se busca la aprobación, generando una dependencia cada vez mayor.

4. **Pérdida de límites personales.** Esto implica hacer sacrificios personales, como ceder en cosas importantes, callarse cuando hay algo que le duele o aceptar condiciones que van en contra de tu bienestar. Con el tiempo, esta falta de límites erosiona la autoestima, ya que la persona se acostumbra a anteponer las necesidades de la pareja a las suyas propias, hasta el punto de olvidar qué es lo que realmente necesita para ser feliz y sentirse completa.
5. **Falta de autocuidado.** Al centrarse casi exclusivamente en el otro, la persona pierde de vista su propio bienestar. Esto significa que no dedica tiempo ni atención a cuidar de sí misma, y su felicidad y estabilidad emocional que puede encontrar en otras esferas de su vida. Deja de quedar con amigas, de hacer lo que le gusta, de tomarse tiempo para ella y relajarse. Queda a la espera de las reacciones de su pareja. Este descuido de su propio autocuidado lleva a una pérdida de equilibrio, donde el bienestar personal queda en segundo plano y la identidad propia se diluye, ya que toda la atención y energía están dirigidas hacia la pareja y no hay ningún foco que mire hacia ella, hacia su protección, su cuidado y su descanso.

En conjunto, estos patrones no solo nos mantienen en un estado constante de inseguridad y dependencia emocional. A largo plazo, la pérdida de autoestima y la falta de autocuidado llevan a una profunda insatisfacción y sensación de vacío. Esa mezcla entre inseguridad, desilusión y desesperanza. En este tipo de relaciones, trabajar en los propios límites, en la autoestima y en el autocuidado es esencial para restaurar el equilibrio. Permitir que, si la relación continúa, sea más saludable y recíproca.

No estás loca,
estás aprendiendo a ser fiel
a ti misma.

O TODO O NADA

He hecho este pequeño inciso antes de seguir con el resto de mecanismos de defensa, ya que después de hablar sobre evitación de la vulnerabilidad y aislamiento emocional, puede costarnos poner el foco en el polo opuesto. Nuestra mente maravillosa, que tantas alegrías nos da, también nos lleva a ciertos patrones que no nos ayudan. Como, por ejemplo, cuando pasas mucho tiempo mal en un trabajo, sosteniendo y aguantando, hasta que un día no puedes más y tomas la decisión de dejarlo todo, pasando de un polo al otro.

Ese fenómeno en psicología se conoce como conducta polarizada o pensamiento dicotómico. Básicamente, es ese pensamiento de que las cosas deben ser o blancas y negras o todo o nada.

Esto nos lleva a movernos de un extremo a otro sin detenernos en la zona gris. Nos cuesta detenernos en la zona gris porque el pensamiento dicotómico nos ofrece una salida emocional aparentemente *sencilla* y rápida en situaciones complejas.

Y la explicación *sencilla* de esto, es que suele generar mayor incertidumbre y se necesita más paciencia para acostumbrarse a estar en la zona gris, donde no estoy para nada acostumbrada, que el pensamiento en blanco y negro, porque ofrece un alivio inmediato, aunque sea temporal.

Ahora vamos a ver por qué y cómo se ve esto, pero te lo mostraré con mensajes que me han enviado personas de Hartita y gente que sigue mis cuentas en Redes sociales para que también veas cómo se siente.

1. **Ansiedad y necesidad de certeza:** «La zona gris es incómoda, como estar en un limbo sin saber si es el inicio, el nudo o el desenlace de una historia. Cuando elijo un extremo, siento que tengo una postura clara, y eso me calma, aunque sea por un rato. La incertidumbre me da ansiedad porque, seamos honestos, ¡me encanta tener el control! La zona gris es la tierra de los "¿y si...?" y los "quizás", y aunque sé que está ahí para que aprenda a gestionar mis emociones, prefiero evitarla. Me da esa molesta sensación de que voy sin rumbo».
2. **Impaciencia y alivio rápido:** «Soy impaciente, y buscar una solución tajante es como arrancarme la tirita de una sola vez. Siento que es un alivio inmediato, aunque me quede el escozor. Hacer ajustes poco a poco me parece eterno, como intentar limpiar con un trapo sucio: vas dejando manchas por todas partes. Así que cuando las cosas no van bien en el trabajo, por ejemplo, me es más fácil decidir renunciar de golpe que quedarme y empezar a hacer pequeños cambios. Elegir un extremo me da la satisfacción de sentir que "resolví" algo, aunque luego descubra que igual he huido».
3. **Acumulación de estrés:** «Cuando el estrés se acumula y empiezo a sentir que todo es un peso, mi paciencia se va de vacaciones. La zona gris, con sus ajustes y pequeñas decisiones, se me hace interminable. En cambio, los extremos prometen una especie de liberación total: como dar un portazo y salir corriendo. En momentos de agotamiento, una salida radical parece mucho más atractiva que quedarme a "ordenar el desastre", aunque sea lo que más necesito».

4. **Incapacidad para regular emociones:** «Ah, las emociones... Cuando siento frustración, miedo o tristeza, mi habilidad para quedarme en la zona gris desaparece por completo. Me siento como un coche en marcha sin frenos y mi instinto me lleva a hacer algo radical, cualquier cosa que me saque de la incomodidad». «La zona gris parece ineficaz porque no produce ese "cambio drástico" que mi mente ansía para sentir que algo ha cambiado de verdad. Así que, en lugar de calmarme y pensar, me lanzo al primer extremo que veo, con la esperanza de encontrar alivio rápido».
5. **Creencias y patrones aprendidos:** «Para colmo, está la voz interna de mi yo con megáfono, diciéndome que "todo o nada" es la única forma de resolver problemas. Lo de los matices y los puntos intermedios me suena a indecisión o debilidad, como si ser flexible significara no tener dos pares de...». «Crecí escuchando que los fuertes son los que se lanzan sin dudas y se plantan en una posición, así que esa idea de que "hay que saber irse de un extremo al otro" está grabada a fuego en mi cabeza».

Conclusión

La zona gris nos exige algo que nos resulta complicado: quedarme ahí, gestionando mis emociones y tolerando la ambigüedad, sin el consuelo de un cambio inmediato. Aunque sepamos que es la clave para una estabilidad real, pero cuando el estrés y la impulsividad me alcanzan, lanzarme al todo o nada parece tan... tentador.

Este tipo de pensamiento hace que una persona se mueva de un extremo al otro sin considerar opciones intermedias. En vez de explorar alternativas más equilibradas, se siente impulsada a actuar de forma extrema.

Ojito, cuidado que aquí no estamos hablando de estar en relaciones de abuso o maltrato; entonces sí es importante irnos de esa relación y donde tenemos esa sensación de que al hacerlo pasamos de darlo todo a nada. Ahí no estamos huyendo, estamos cuidándonos.

Te propongo estos dos ejercicios:

EJERCICIO 1
de los «3 pasos intermedios»

- **Objetivo.** Aprender a identificar opciones intermedias y reducir la impulsividad.
- **Cómo hacerlo.** La próxima vez que te sientas impulsada a irte a un extremo (como dejar un trabajo o cortar radicalmente con alguien), haz una pausa y escribe tres opciones intermedias que podrías considerar antes de tomar una decisión radical.
- **Por ejemplo**, si piensas en dejar un trabajo de golpe, algunos pasos intermedios podrían ser:
  - Hablar con un compañero de confianza sobre tus frustraciones.
  - Hacer una lista de cosas que podrías intentar cambiar en tu rol actual para ver si alguna mejora es posible.
  - Buscar una segunda opinión sobre cómo podrías negociar mejores condiciones o límites.
- **Reflexiona:** Este ejercicio no implica que debas renunciar a tomar una decisión importante, sino ayudarte a ver que existen pasos intermedios. La idea es que practiques la paciencia y la flexibilidad antes de elegir un extremo.

Para diferenciar cuándo es útil explorar opciones intermedias y cuándo es fundamental actuar de manera más radical por nuestro bienestar, aquí te dejo una segunda parte del ejercicio:

EJERCICIO 2

Identificación de límites no negociables

Este ejercicio te ayudará a reconocer cuándo estás en una situación que requiere una decisión clara y firme en lugar de explorar la zona gris.

1. **Define tus «límites no negociables»**
   - **Objetivo.** Identificar las líneas rojas en tu vida, aquellas que indican que una situación es insostenible y pone en riesgo tu bienestar emocional o físico.
   - **Cómo hacerlo.** Haz una lista de tus límites no negociables. Estos pueden incluir:
   - Falta de respeto o abuso. Situaciones donde experimentas maltrato verbal, emocional o físico.
   - **Control o manipulación.** Circunstancias en las que alguien intenta manipularte o controla tus decisiones.
   - **Daño a la autoestima.** Cuando sientes que la situación está erosionando tu sentido de valía o seguridad.
   - **Condiciones laborales extremas.** Un entorno de trabajo que pone en riesgo tu salud mental o física.
   - **Reflexiona.** Tener claro estos límites te permitirá detectar cuándo una situación no es negociable y requiere una acción inmediata o un corte radical.

2. **Escucha de las emociones «de emergencia»**

- **Objetivo.** Aprender a distinguir entre emociones que surgen de la incomodidad y aquellas que indican un riesgo significativo para tu bienestar.
- **Cómo hacerlo.** La próxima vez que sientas el impulso de tomar una decisión radical, identifica si tus emociones son una respuesta a:
  - Incomodidad por la incertidumbre (que puede trabajarse en la zona gris).
  - Sensación de peligro o daño personal (que requiere una acción radical).
- **Ejemplo de señales de alerta de «emergencia emocional»:**
  - Te sientes constantemente en peligro o ansioso en la situación.
  - Tu salud física o mental se está viendo afectada.
  - Las personas a tu alrededor han expresado preocupación por tu bienestar.
- **Reflexiona.** Esta «escucha emocional» te ayudará a entender cuándo tus emociones están pidiendo paciencia para manejar la incomodidad y cuándo están indicando que es hora de actuar rápidamente para protegerte.

3. **Ejercicio de salida en tres pasos para situaciones de «huida sana»**

- **Objetivo.** Planificar una salida clara para cuando identifiques que estás en una situación que necesita un corte definitivo.

- **Cómo hacerlo.** Si has llegado a la conclusión de que estás en una situación donde no es posible encontrar términos medios (por ejemplo, en una relación de abuso o un trabajo con condiciones insostenibles), sigue estos tres pasos:
  1. *Identifica tu apoyo.* ¿Quiénes pueden ayudarte o apoyarte emocional o logísticamente? Esto puede incluir amigos, familiares o profesionales.
  2. *Elabora un plan de salida concreto.* Define cómo y cuándo vas a salir de esa situación. Puede ser tan simple como escribir un mensaje o tan detallado como organizar un cambio de empleo.
  3. *Enfócate en el cuidado posterior.* Una vez que salgas de la situación, planifica cómo vas a cuidarte emocionalmente (terapia, descanso, actividades reparadoras).
- **Reflexiona.** Este ejercicio te recuerda que actuar de forma radical no es huir; es protegerte y permitirte un espacio donde puedas sanar y recuperar el equilibrio.

Estos pasos te ayudarán a tomar decisiones conscientes y firmes cuando una situación realmente lo amerite, y te permitirán distinguir entre situaciones en las que la paciencia y la exploración de opciones son útiles, y aquellas en las que actuar de forma decisiva es una cuestión de autocuidado.

Una vez hecho este pequeño inciso (ya vas viendo que mis incisos son de todo menos breves), retomamos los mecanismos de defensa.

HERRAMIENTAS Y MECANISMOS DE DEFENSA.

2ª PARTE

DEPENDENCIA EMOCIONAL. EL «ESPEJO ROTO»

Cuando una persona crece en un entorno donde la atención y el afecto solo llegan al cumplir expectativas externas —como ser buena, destacar en ciertos aspectos o agradar a los demás—, aprende a asociar su valor personal con la validación externa. En estos contextos, el amor y la aceptación no se experimentan de manera constante o incondicional, sino que están sujetos al comportamiento o los logros de la persona, reforzando la idea de que *ser suficiente* depende de cumplir con las expectativas ajenas.

Este tipo de educación o crianza, suele ocurrir en ambientes donde hay poco espacio para las emociones y necesidades individuales, ya que el foco está en el rendimiento o en mantener una imagen que cumpla con las normas familiares o sociales.

Como resultado, la persona no aprende a reconocer ni a validar su propio valor de manera autónoma. En cambio, percibe su valor como algo que le es otorgado desde fuera y que debe *ganarse* una y otra vez, lo que lleva a una dependencia constante de la aprobación externa para sentir seguridad en sí misma.

Desde una perspectiva psicológica, esta tendencia puede ocasionar un *vacío* interno: al no recibir una validación constante y genuina en su infancia, la persona siente que le falta algo esencial, una *autoestima básica*. Con constante no me refiero a que TODO el tiempo tenga que estar recibiendo validación, sino que sus emociones, sean tenidas en cuenta y no solo a veces.

Este vacío emocional puede llevar a buscar la validación de manera incesante en sus relaciones adultas, perpetuando la dependencia emocional. En muchos casos, esta búsqueda de aprobación externa se convierte en un ciclo en el que la persona depende de la retroalimentación de los demás para calmar la inseguridad, aunque el alivio sea solo temporal.

En ambientes que no valoran o permiten la expresión emocional, las personas aprendemos a reprimir nuestras emociones o a priorizar las de los demás. Este patrón puede llevar a una desconexión emocional interna y a dificultades para identificar y expresar tus propias necesidades, lo que fortalece aún más la dependencia en las relaciones.

En conclusión, cuando el entorno familiar, social o relacional en general condiciona el afecto y la aceptación a ciertos comportamientos o logros, lo que internaliza esa persona es un patrón de autoestima dependiente.

Te preguntarás por qué es un mecanismo de defensa, así que te cuento.

Te explico cómo puede funcionar como mecanismo de defensa:

La dependencia emocional no es estrictamente un mecanismo de defensa en el sentido clásico, pero puede actuar como uno. Al buscar consuelo, validación y apoyo externo, intentamos aliviar el malestar emocional que genera la sensación de insuficiencia o vacío interno. Aunque este comportamiento calma momentáneamente la ansiedad, no resuelve el conflicto de fondo. Es una estrategia de afrontamiento que, en lugar de sanar, perpetúa el ciclo de dependencia.

Este mecanismo no aparece solo en la infancia, sino que también puede llegar a surgir cuando estamos en relaciones que empiezan muy bien con mucha conexión inicial, pero después llega la intermitencia.

Esas relaciones donde se alternan periodos de cercanía y distanciamiento, solemos experimentar un vaivén emocional que puede reforzar la dependencia emocional. **Las relaciones intermitentes** tienden a ser inestables y suelen mantenernos en constante alerta, preguntándonos cuándo volveremos a recibir la atención o el cariño que recibíamos antes y que necesitamos ahora, sobre todo porque no te sientes bien tratada y claramente, necesitas cariño.

Lo que sucede es que, cuando algo nos duele, nuestra necesidad de apoyo y cariño nos lleva a buscar consuelo en el mismo lugar donde nos han hecho daño porque asociamos ese vínculo con el alivio emocional, incluso si es la fuente del dolor. Es un fenómeno complejo que mezcla patrones emocionales, apego y expectativas de *reparación* que tenemos desde la infancia.

Imagina que de pequeños recibimos cariño y aprobación de forma intermitente, dependiendo de si cumplimos ciertas expectativas o no. Crecemos aprendiendo que la misma persona que a veces nos ignora o rechaza es también la que, en otras ocasiones, nos consuela y nos hace sentir seguros. Esto genera una especie de *confusión emocional:* asociamos el dolor con el amor, y creemos que la única forma de sentirnos valoradas es obtener de nuevo la atención de esa persona, aunque sea quien nos ha causado ese malestar.

Cuando somos adultas, esto se traduce en una tendencia a buscar cariño en las mismas personas que nos hieren. En lugar de alejarnos para protegernos, sentimos que, si logramos recibir su consuelo, habremos reparado el dolor y recuperado nuestro valor.

Es como si nuestro cerebro pensara: «Si consigo que esta persona que me ha hecho daño me dé su afecto, entonces todo estará bien y el dolor desaparecerá».

Este ciclo se refuerza porque cuando recibimos esa atención —aunque sea de forma momentánea— sentimos un alivio, una validación que calma el dolor. Nos devuelve una sensación de seguridad, aunque sea temporal. Así, volvemos a ese lugar de sufrimiento una y otra vez, en busca de esas «recompensas» emocionales que nos hacen sentir que el afecto de esa persona sigue allí, aunque esté mezclado con rechazo o indiferencia. Ahí es donde se encuentra la adicción, en la propia dinámica.

En el fondo, esta búsqueda de consuelo en quien nos ha dañado es una forma de buscar estabilidad en un patrón conocido, aunque sea doloroso. Nuestras estructuras emocionales prefieren algo familiar, aunque duela, a la incertidumbre de buscar cariño y apoyo en alguien nuevo o en nosotras mismas. Es un ciclo de dependencia emocional en el que el afecto y el sufrimiento se mezclan.

En las relaciones intermitentes, las fases de cercanía son como una recompensa: la persona recibe la validación y afecto que anhela, lo que refuerza la idea de que su valor depende de ese momento. Sin embargo, en las fases de distanciamiento, esa validación se pierde, lo que provoca ansiedad, inseguridad y una búsqueda incesante de recuperar la conexión perdida.

Este tipo de relación puede intensificar el «espejo roto» (hablamos después de esto), ya que la persona siente que solo está completa cuando está en la fase de cercanía. Cuando la relación se interrumpe, siente un vacío y vuelve a la dependencia, revisando mensajes, buscando excusas para ver al otro o ajustando su comportamiento con la esperanza de recuperar el afecto. La persona se queda atrapada en este ciclo, donde la espera y la recompensa refuerzan aún más la dependencia.

Este patrón de **refuerzo intermitente**, un concepto de psicología que describe cómo una recompensa que llega de manera irregular. En este caso, el cariño o la atención, es aún más potente que una constante.

En el contexto de una relación, esto significa que la persona se vuelve más *adicta* a esas pequeñas dosis de atención precisamente porque no son constantes y cuando finalmente llegan, se sienten intensamente valiosas y satisfactorias. Aunque si somos sinceras, tampoco llegan a unos mínimos.

En resumen.
Las relaciones intermitentes pueden convertirse en un terreno fértil para la dependencia emocional. La incertidumbre, combinada con las recompensas de afecto que vienen y van, nos mantienen a atrapadas en un ciclo donde tu autoestima depende de esos momentos de validación externa, en lugar de construirse de manera constante y estable desde su interior.

Seguro que has tenido o tienes una amiga que si no recibe respuesta a un mensaje, su mente empieza a quemar rueda y se pregunta si hizo algo mal. A veces, busca excusas para ver a esa persona y reconfirmar que todo está bien.

Una metáfora para entender la dependencia emocional: el «espejo roto»: tu amiga se mira en los reflejos de los demás, pero cada uno le muestra solo una parte de su imagen. Estos espejos representan las miradas y opiniones de los demás. Como no puede ver el conjunto, solo ve partes dispersas de quién es, dependiendo de cómo los otros la perciban. Así, nunca logra ver su valor completo y real, porque cada fragmento le muestra solo una parte de sí misma. Eso genera una gran confusión pero también mucha inestabilidad e incapacidad para tomar sus propias decisiones y validarse a ella misma.

¿Cómo empezar a cambiar?

El primer paso para superar la dependencia emocional es comenzar a construir una relación contigo misma. Esto implica varios pasos:

- **Autocuidado consciente.** Dedicar tiempo a actividades que le den paz y fortalezcan tu bienestar personal, como leer, practicar deportes, aprender algo nuevo o disfrutar de sus propios intereses.
- **Diálogo interno positivo.** Generar frases de reafirmación, como «Importo por quien soy, no por lo que otros piensen de mí».
- **Construcción de autoestima.** Hacer una lista de sus fortalezas y logros, y revisarla cuando necesites recordarlo, independientemente de las opiniones de los demás.
- **Reducción de conductas dependientes.** Evitar revisar mensajes de forma compulsiva y practicar el estar sola sin buscar de inmediato la aprobación de los otros.

A medida que empezamos a reconocer que hay cosas en nosotras que quizás otros no ven, pero nosotras sí, vamos fortaleciendo nuestra identidad y confianza, permitiendo que el cariño de los demás sea un complemento, no una fuente primaria de autoestima, validación o regulación emocional.

No estás loca,
estás intentando mirarte
en pequeñísimos fragmentos de un espejo
que no pueden reflejar
todo lo que eres.

EJERCICIO.
Desarrolla tu «yo aliado»

Este paso es fundamental porque ayuda a crear una versión interna de ti misma que te apoya y te acompaña.

Aquí te guío paso a paso para profundizar en este ejercicio:

Paso 1.
Visualiza a tu «yo aliado»

1. Cierra los ojos y respira profundamente. Imagina una versión de ti misma que tiene todo lo que necesitas: confianza, calma, amor propio, y la capacidad de enfrentarse a cualquier desafío.
2. Pregúntate:

   ¿Cómo se ve mi «yo aliado»?

   ¿Qué tono usa al hablar conmigo?

   ¿Qué me dice en los momentos en que me siento dependiente o inseguro/a?
3. Imagina que esta versión está sentada contigo, como si fuera tu mejor amigo/a, listo/a para escucharte y apoyarte.

Paso 2.
Escribe una carta de apoyo

- Toma un papel o abre un documento y escribe una breve carta desde la perspectiva de tu «yo aliado».
- Usa un tono amable y alentador, como si estuvieras hablándole a alguien que amas profundamente.

Puedes empezar así: «Querida [tu nombre], sé que ahora mismo te sientes perdida o que necesitas algo que no sabes cómo encontrar. Pero quiero que recuerdes algo: estoy aquí contigo, siempre. No necesitas buscar fuera lo que ya tienes dentro. Eres suficiente tal y como eres».

En la carta, incluye:

- **Una validación de tus emociones:** «Es normal que te sientas así; estás aprendiendo y creciendo».
- **Un recordatorio de tus fortalezas:** «Eres más fuerte de lo que crees, y has superado cosas difíciles antes».
- **Una promesa de cuidado:** «Voy a cuidar de ti, a escucharte y a recordarte cada día que mereces amor, empezando por el tuyo».

Paso 3.
Léele la carta a tu yo actual

- Una vez escrita la carta, siéntate en un lugar tranquilo y léele esa carta en voz alta a tu «yo actual».
- Mientras lo haces, imagina que las palabras llegan como un abrazo. Permítete sentir tu propio apoyo.

Paso 4.
Refuerza a tu «yo aliado» diariamente

1. Cada mañana o en un momento de calma, vuelve a conectar con esta versión de ti mismo/a.
2. Puedes repetir mentalmente o en voz alta frases como: «Estoy aquí para ti». «Hoy voy a apoyarte como la mejor amiga que puedas tener».
3. En los momentos difíciles, pregúntate: «¿Qué me diría mi "yo aliado" en esta situación?».

¿Por qué funciona?

- **Reconstruye tu diálogo interno.** Aprendes a hablarte a ti misma con la misma compasión y cuidado que buscas en los demás.
- **Fomenta la autonomía emocional.** Reemplazas la necesidad de validación externa con apoyo interno.
- **Crea un hábito positivo.** A medida que practicas, este «yo aliado» se convertirá en una voz natural dentro de ti.

Ahora vamos a por mi mecanismo de defensa favorito, no porque sea bonito, sino porque tanto mis Hartitas como yo, tenemos que poner el foco constantemente en no caer en él.

AUTOEXIGENCIA EXTREMA. EL «EQUILIBRISTA INCANSABLE»

Alguien que ha crecido con la idea de que solo tiene valor cuando logra grandes cosas o cuando tira y tira siempre dando más de ella, puede desarrollar un nivel de autoexigencia extremo. Reformulo: siente que si no hace algo, no merece la aprobación ni el respeto de los demás. Y así, cada logro se convierte en una carrera sin fin para sentirse suficiente.

Esta autoexigencia no siempre se muestra en el ámbito profesional. A veces, se ve en detalles cotidianos, como negarse a pedir ayuda aunque te sientas sobrecargada o sentir culpa al descansar.

Hay muchas personas que me vienen a la mente si pienso en este mecanismo, pero en esta ocasión, te voy a hablar de Laura.

Laura es una persona generosa, valiente, que siempre está dispuesta a darlo todo por aquellos a los que quiere, especialmente en la esfera de las parejas.

Todo esto está genial, pero no cuando viene acompañado de una autoinvalidación de sus propias necesidades y emociones.

Cuando ella salía con alguien, por ejemplo, si su pareja tenía un problema, independientemente de si ella tenía los suyos o estaba agobiada o le faltaba descanso, constantemente hacía todo lo posible por resolverle ese problema aunque eso significase tirar de energía donde no había y aumentar su carga. Y así constantemente.

Si su pareja está pasando por un mal momento, Laura se sentía responsable de ayudarle a mejorar, de mantenerlo motivado o de hacerle feliz, aunque esto signifique que ella misma terminase agotada o insatisfecha. Para ella, equivocarse o no cumplir con estas expectativas se sentía como un fracaso, algo que podría poner en peligro la relación.

Por ejemplo, si su pareja le hace una crítica o expresaba alguna incomodidad, Laura inmediatamente se culpa y empieza a preguntarse qué ha hecho mal. En lugar de aceptar que no siempre es responsable de la felicidad del otro o de la estabilidad de la relación, se cargaba de toda la responsabilidad emocional, pensando que, si falla en algo, es ella quien no es suficiente.

Esta autoexigencia le ha llevado a estar en relaciones donde sus parejas se acomodaban a esta dinámica unidireccional, sin la necesidad de ofrecer nada porque Laura siempre lo daba todo.

La tendencia que tenía Laura a la autoexigencia en las relaciones no se debe únicamente a una necesidad de validación externa, sino que está profundamente arraigada en miedos fundamentales, como el temor a estar sola y la inseguridad de no ser *suficiente*. Estos miedos le llevaron a verse atrapada en un ciclo de esfuerzo constante, donde sientes que debes ceder constantemente para que tu relación funcione y el otro permanezca a tu lado.

Aprendió a asociar su papel en las relaciones con su capacidad de sacrificio. En lugar de reconocer que su presencia tiene valor por sí misma, ha interiorizado la idea de que debe *demostrar* constantemente que merece estar en una relación.

Pero más allá de la validación, Laura también teme profundamente quedarse sola o no ser lo suficientemente buena para los demás. Este miedo se convierte en una motivación constante que la impulsa a darlo todo, convencida de que, si alguna vez baja el ritmo, la relación se verá amenazada.

En lugar de percibir la relación como un espacio seguro en el que puede ser ella misma, Laura la veía como un terreno de prueba donde cada gesto y cada esfuerzo son necesarios para que el otro permanezca. Esto le impediría a cualquiera establecer límites sanos o mostrar sus propias vulnerabilidades, por miedo a que el otro pierda interés y se aleje.

También tenemos que tener en cuenta que cuando quieres a alguien, esos dos miedos están ahí. Cuando te sientes segura tú y también en la relación, podemos dejarlos pasar más fácil, sobre todo porque no hay conductas que alimenten esos miedos o los perpetúen.

Ejemplos específicos de esta autoexigencia en sus relaciones:

- **Sacrificar su bienestar para resolver los problemas del otro.**
  Cuando se hace de forma constante, deriva en una autocensura que dificulta la gestión emocional, básicamente porque sin atender nuestras emociones, no existe gestión. Lo que con el tiempo te separa de tus necesidades y te desconecta de ti misma.
- **Asumir la culpa y la responsabilidad en cualquier conflicto.**
  La tendencia a poner el foco en el otro constantemente, aumenta los niveles de percepción que tenemos sobre los cambios emocionales de la otra persona, sus necesidades y activa esa dinámica de cuidado.

Ante la incertidumbre de lo que no podemos controlar, porque objetivamente, no controlamos lo que sienten los demás, la culpa es el recurso más habitual, que, aunque doloroso, ofrece un camino claro o un cierre.

- **Permitir que el otro tome sin reciprocidad.** Las creencias que generamos sobre el amor, determinan el tipo de amor que damos y recibimos. Pocas veces contemplamos algo tan importante como la reciprocidad o bidireccionalidad en el cuidado.

«La metáfora de «la cinta de correr»

Imaginemos que Laura está en una cinta de correr que nunca se detiene. Ella siente que, si se mantiene en constante movimiento, podrá mantener la relación y cumplir con las expectativas, tanto de su pareja como las propias. Sin embargo, cuanto más rápido corre, más se aleja de la tranquilidad y la seguridad.

La cinta representa su autoexigencia: un esfuerzo incesante que la desgasta, pero que nunca le da la seguridad ni la paz que busca. En su esfuerzo constante por demostrar que es digna de amor, acaba agotada y vacía, porque la máquina de la autoexigencia nunca se detiene.

Al final, esta autoexigencia refuerza el sentir que su papel en la relación depende de su capacidad para «dar y sostener» la relación. Sin embargo, esta dinámica solo contribuye a aumentar su sensación de vacío y a prolongar su miedo a no ser suficiente, haciendo que sea cada vez más difícil romper el ciclo.

¿Cómo empezar a cambiar?

El cambio puede comenzar al permitirse reconocer sus esfuerzos, incluso si no son perfectos.

Hacer pausas conscientes y reflexionar sobre sus logros actuales, en lugar de centrarse solo en la próxima meta, puede ayudarle a ver que su valor no depende únicamente de tus éxitos o de ser capaz de resolver los misterios de la vida o incluso de que los demás estén bien o decidan quedarse.

Algo que es superimportante aquí, es darnos cuenta cuando lo que esperamos es que nos quieran o si nuestras acciones más bien están enfocadas en que nos necesiten. Porque claro, si me quieres, puedes dejarme en cualquier momento, eso ya me ha pasado, pero si me necesitas, te costará más dejarme o te lo pensarás más tiempo porque ¿Quién iba a darte todo esto? ¿Quién te va a querer como yo? ¿Quién renunciaría a todo lo que yo estoy dando? Y ahí, nos olvidamos de nosotras mismas y que así, no vamos a construir el tipo de relación que realmente estamos buscando.

Yo no sé el tipo de relación que quieres, pero estoy segura de que una así, no.

Conclusión, para que todas podamos construir relaciones más saludables, es fundamental aprenda a desarrollar vínculos bidireccionales e interdependientes. En una relación interdependiente, cada persona tiene su propio espacio para crecer, ser autónoma y manejar sus problemas, sin esperar que la otra persona se encargue de solucionar todo. Esto no solo fortalece la relación, sino que permite que ambos mantengan su individualidad y autonomía, sin la presión de cumplir con expectativas irrealistas.

Necesitamos comprender que nuestro valor no está en ser quien compensa los problemas o carga con la responsabilidad de hacer a su pareja feliz. El amor y el respeto en una relación interdependiente surgen del apoyo mutuo, sin que ninguno de los dos deba sacrificar su bienestar de forma constante.

Al reconocer esto, podemos empezar a valorar nuestra propia presencia en la relación y dar espacio a que nuestra pareja gestione sus propios desafíos sin adquirir ese «rol de salvadora», poniéndonos el límite de *confiar* en que puede hacerlo, para comprobar, que incluso en esa interdependencia, me elige.

Al dejar de cargar con todo, permitimos que la relación sea más equilibrada y genuina, pero también enfrentarnos a nuestros propios miedos y derribar conceptos sobre el amor, nosotras y el apoyo. ¿Por qué? Porque entender que no todo es para hoy y que no tenemos que sostenerlo todo, todo el tiempo, nos da calma, aumenta nuestro bienestar y tendremos mayor capacidad de estar presentes, de apoyar a nuestros seres queridos, cuando sea necesario de verdad sin *robarles* autonomía y esto significa, que hay herramientas para enfrentarnos a la vida, que solo vamos a adquirir si nos enfrentamos nosotras y no otros por nosotras.

«Espacio para el Otro y para Mí»

El objetivo es dejar de asumir la responsabilidad de resolver los problemas de los demás y generar seguridad e interdependencia.

1. **Identifica una situación concreta en la que tiendes a asumir responsabilidad.**

   Piensa en un momento reciente en el que hayas sentido que debías resolver un problema de tu pareja, amigo o familiar. Puede ser algo tan pequeño como animarle cuando está triste o tan grande como intentar resolver un conflicto que le preocupa.

2. **Escribe una frase que demuestre apoyo sin asumir el rol de *salvadora*.**

   En lugar de decir «Voy a ayudarte a solucionarlo» o «Voy a hacer esto por ti», escribe una frase que transmita apoyo sin quitarle la autonomía a la otra persona. Por ejemplo: «Estoy aquí si necesitas hablar sobre esto», «Confío en que encontrarás la mejor manera de resolverlo», «¿Quieres que te escuche o que te dé alguna idea?». Estas frases dejan espacio al otro para manejar sus propias decisiones mientras sienten tu apoyo.

3. **Practica el «observador silencioso».**

   La próxima vez que alguien te cuente un problema, practica ser un «observador silencioso»: escucha atentamente, sin ofrecer soluciones de inmediato. En lugar de pensar en cómo puedes intervenir, enfócate en la persona y en lo que está expresando, dando espacio para que hable sin sentir que debe seguir tu consejo o depender de ti.

4. **Reflexiona después de la conversación.**

   Pregúntate: ¿Cómo te sentiste al dar apoyo sin asumir la responsabilidad? ¿Pudiste notar si la otra persona tenía más espacio para expresar sus emociones o ideas propias?

EJERCICIO.

Escribe cómo te sentiste y qué aprendiste. Este ejercicio te ayudará a reconocer que el apoyo no requiere que te sacrifiques, sino que des espacio para que el otro encuentre sus propias soluciones.

La clave de este ejercicio es aprender que puedes ser un apoyo sólido sin necesidad de asumir un papel de *salvadora*. Esto no solo te permitirá tener relaciones más sanas, sino que también te ayudará a encontrar satisfacción en ti misma, sin depender de ser quien carga con las dificultades de los demás.

No estás loca…
estás empezando a entender
que ya no necesitas
hacerte cargo de todo
como antes.

SOBREADAPTACIÓN. EL «CAMALEÓN»

La sobreadaptación es una estrategia que muchas personas desarrollan cuando han experimentado rechazo o juicio al mostrarse auténticas.

Si una persona ha aprendido, por ejemplo, que expresar sus opiniones o intereses genuinos puede llevar a que los demás la rechacen o cuestionen, puede llegar a la conclusión de que es *más seguro* adaptarse a las expectativas externas. Como resultado, comienza a moldearse según lo que otros quieren o esperan, aunque eso implique dejar de ser ella misma.

Con el tiempo, la sobreadaptación se convierte en un mecanismo de supervivencia social. La persona se convierte en una especie de «camaleón social» que cambia de color según el entorno, modificando sus opiniones, intereses, y hasta su personalidad dependiendo de con quién esté.

Esto puede permitirle evitar el rechazo y sentirse aceptada en el momento, pero a largo plazo genera un sentimiento de vacío e insatisfacción, ya que nunca llega a sentirse verdaderamente conocida o valorada por quien es, teniendo la sensación de que siempre la dan por hecho.

Este mecanismo de defensa tiene muchas caras y está íntimamente relacionado con otros mecanismos de defensa, así que antes de ponerte un ejemplo concreto, de dejo una lista de características que describen este mecanismo de defensa:

Características principales de la sobreadaptación:

- Dependencia de la validación externa.
- Miedo al rechazo o abandono.
- Pérdida de identidad.
- Sentimiento de insatisfacción crónica.
- Agotamiento emocional y físico.
- Autocrítica constante.
- Evitar conflictos a toda costa.

No puedo hablar de sobreadaptación sin mencionar a Sara.

Ella nos contó en Hartita que cuando se encuentra en un grupo de amigos, solía estar de acuerdo siempre sin expresar realmente sus propias ideas. Cuando ella llegó a Hartita y se metió en el grupo, lo primero que nos dijo fue: «Necesito empezar a expresarme con gente, porque me siento constantemente anulada».

Ella decía, que normalmente, si alguien en un grupo tenía un gusto específico en música, películas o actividades, ella de inmediato mostraba interés, aunque en privado nunca haya disfrutado de esas cosas.

Con su pareja, la situación es similar: asumía sus opiniones y gustos, a menudo, sacrificando los propios, como si su identidad dependiera de la aceptación del otro.

Por ejemplo, cuando comenzó a salir con un susodicho fanático del futbol, Sara empezó a asistir a eventos deportivos y a ver partidos, aunque nunca le habían interesado.

Y todo esto está muy bien, pero en lugar de compartir sus propios intereses, que son el arte y la lectura, se enfocó en complacer los gustos de su pareja y de las personas con las que estuviese.

Si le preguntas por sus opiniones, a menudo respondía con frases generales, como si no quisiera arriesgarse a decir algo que pudiese malinterpretarse o no ser aceptado.

Una metáfora muy útil para comprender esta dinámica es la de «la máscara».

Sara va cambiando de máscara según el contexto: una con sus amigos, otra con su pareja, y otra más con su familia. Esta estrategia le permite evitar el rechazo y sentir esa sensación de pertenencia, pero a medida que pasa el tiempo, se da cuenta de que nadie realmente la conoce, y ni siquiera ella misma sabe quién es fuera de estas «máscaras».

Aunque la sobreadaptación le da un sentido temporal de seguridad, su identidad se diluye, y esto le genera una sensación de vacío e incomodidad cada vez mayor.

¿Cómo empezar a cambiar?

Para superar la sobreadaptación, es necesario dar pequeños pasos para fortalecer la identidad propia y practicar el mostrarse auténtica. Este proceso puede sentirse desafiante al principio, ya que la persona teme que expresar sus opiniones o deseos pueda llevar al rechazo. Sin embargo, estas pequeñas acciones de autenticidad son cruciales para construir una autoimagen más sólida y establecer relaciones en las que uno pueda mostrarse tal como es.

Preguntas clave para identificar la sobreadaptación:

- ¿Lo hago porque realmente lo quiero o porque creo que así me van a aceptar?
- ¿Estoy dejando de expresar lo que pienso para evitar conflictos o rechazo?
- ¿Estoy sacrificando mis propios gustos e intereses en esta situación?

Estas preguntas ayudan a la persona a identificar cuando está cayendo en el patrón de la sobreadaptación y le permiten tomar una decisión más consciente sobre cómo actuar.

EJERCICIO.
Derribemos máscaras

El objetivo es empezar a mostrar opiniones, gustos y límites propios en situaciones cotidianas para reducir la necesidad de sobreadaptación.

1. **Escoge una pequeña situación para practicar.**
   - Comienza en un entorno en el que te sientas relativamente cómoda, como con amigos cercanos o en una conversación informal.
   - Elige un momento en el que normalmente evitarías dar una opinión genuina para adaptarte al grupo.
2. **Expresa un pensamiento, gusto o límite propio.**
   - Decide de antemano, qué dirás en ese momento para visualizarte: «La verdad, a mí me gusta más otro tipo de música», «Prefiero no ir a ese lugar hoy, pero gracias», «No he visto esa película, pero me encantan las de ciencia ficción».
   - La idea es empezar con algo pequeño que te permita ser tú misma sin tener que asumir un riesgo muy grande de rechazo.
3. **Fíjate en tus emociones.**
   Después de expresarte, toma unos momentos para reflexionar sobre cómo te sientes.

   ¿Hubo ansiedad, alivio o incluso incomodidad?

- Anota tus emociones y cualquier pensamiento que te venga a la mente.
- Este paso te ayudará a ver que ser simplemente tú, no es necesariamente negativo y que el rechazo, si ocurre, puede no ser tan amenazante como pensabas y que tienes formas de gestionarlo.

4. **Aumenta la dificultad cuando te vayas sintiendo más preparada.**
   - A medida que te sientas más cómoda, intenta aplicar el ejercicio en situaciones más significativas, como expresar tus preferencias o establecer límites en relaciones más cercanas.
   - Recuerda que no tienes que cambiar todo de inmediato, el objetivo es avanzar poco a poco hacia una expresión más honesta de ti misma.

También es una forma de comunicar tus límites, ya que esa sensación de que te «dan por hecho», no viene por cómo eres, sino por la falta de estos que no te permites mostrar.

Poco a poco, irás ganando confianza en tu capacidad de ser tú misma sin depender de las expectativas externas, y verás cómo este cambio fortalece tu identidad y te permite formar relaciones más genuinas y satisfactorias.

Hay tantos mecanismos de defensa, que elegir cuáles mostrarte en este libro, ha sido complicado. Pero no podemos dejar el tema sin mencionar este último:

CONTROL EXCESIVO. EL «DIRECTOR DE ORQUESTA»

Una persona que ha vivido situaciones donde se sitió impotente o vulnerable y sufrió a raíz de ello.

Para *compensar* esa sensación de inseguridad, pudo haber desarrollado la necesidad de controlar su entorno, a su pareja, a sus amigas... Como si así pudiera prevenir el dolor o el caos.

Lo que busca este mecanismo de defensa es mantener la seguridad y estabilidad, pero con alto coste y es que no podemos controlarlo todo y cuanto más lo intentamos, peor nos sentimos, más insuficientes, heridos, inseguros y generamos mayor rencor.

Este mecanismo, además, actúa a costa de la propia libertad de la persona que lo mantiene, pero en ocasiones, también actúa reduciendo la libertad de los demás, lo que genera una brecha en sus vínculos.

Este control no siempre es evidente ni se expresa en forma de órdenes explícitas. Suele reflejarse en detalles minúsculos, como organizar cada actividad o planificar el día con precisión milimétrica, anticipándose a posibles problemas. En realidad, esta conducta responde a una necesidad interna de evitar sorpresas y mantener el control sobre lo que considera su zona segura.

Es posible que te haya venido a la mente ese tipo de conductas donde uno decide cómo viste, como se expresa, lo que hace o deja de hacer su pareja. Esto también depende de otros factores, pero nos vamos a centrar en este ejemplo:

Carmen nos contó hace tiempo en Hartita, que se encontraba totalmente fatigada porque era ella siempre quien siempre se encargaba de organizar las salidas con sus amigos, con su pareja y quien organizaba las reuniones familiares.

Cada vez que planean una actividad, Carmen decidía el lugar, la hora y los detalles, asegurándose de que todo estuviese perfectamente coordinado.

Le molestaba especialmente y sacaba a «su Hulk interior» (como decía ella), cuando alguien proponía un cambio de último momento. No se trataba de que quisiera tener el mando, sino que temía que cualquier imprevisto pudiera llevar a una situación incómoda o desagradable. Desde su perspectiva quería preverlo todo, de manera que nada le tome por sorpresa.

Algo que ella mencionaba muchas veces, es que odiaba las sorpresas y la espontaneidad le generaba muchísima inseguridad. Cualquier cambio le hacía sentir que había perdido el control, lo que afecta su tranquilidad y la relación misma.

Sin embargo, aunque pareciese contradictorio, lo que más necesitaba y esperaba de los demás, es que fuesen ellos quienes tomasen el control. El problema es que cuando te acostumbras a este mecanismo, te cuesta delegar y confiar en que otros puedan hacerlo igual de bien que tú.

¿Cómo empezar a cambiar?

Para reducir el control excesivo, es necesario aprender a tolerar la incertidumbre y a permitir que otros también tomen decisiones. Esto no significa renunciar a todo control, sino crear espacio para confiar en los demás y aceptar que no siempre podemos prever el resultado de cada acción.

1. **Practica soltar en situaciones seguras**
   Empieza permitiendo que otras personas tomen decisiones en actividades de bajo riesgo, como decidir el lugar para una salida. La idea es empezar a ceder el control en contextos donde la consecuencia es mínima.
2. **Acepta la posibilidad de imprevistos.**
   Pregúntate en situaciones donde sientas una gran presión por controlar: «¿Qué pasaría si no controlo este detalle?».
   Observa cómo, al permitir que algo ocurra de forma natural, el mundo no se desmorona. Esto te ayudará a aceptar que el cambio no necesariamente implica caos.
3. **Desarrolla confianza en los demás**
   Practica confiar en los demás para que se hagan cargo de ciertas tareas. Esto no solo reduce tu carga, sino que te ayuda a ver que otras personas también son capaces de mantener el equilibrio en el entorno.

EJERCICIO.
Permitirte perder el compás

Este ejercicio te ayudará a reducir la necesidad de control y a experimentar la confianza en los demás. Poco a poco, aprenderás a soltar el control y a aceptar la espontaneidad en tu vida.

Parte 1.

Identifica áreas de control.

1. **Enumera las situaciones donde sientas la necesidad de controlar que todo vaya bien.**

   Piensa en situaciones cotidianas en las que sientes la necesidad de controlar los detalles, como reuniones familiares, salidas con amigos o el trabajo. Escribe qué haces en cada situación para mantener el control y anota las emociones que experimentas cuando no lo logras.

2. **Reflexiona sobre las emociones detrás del control.**

   ¿Qué me da miedo que ocurra si no tengo el control?

Este ejercicio te permitirá reconocer las raíces emocionales de tu necesidad de control, lo cual es clave para reducirla.

Parte 2.

Practica delegar y ceder el control en pequeñas dosis.

1. **Deja que otros tomen decisiones pequeñas.**

   Comienza por delegar la organización de actividades de bajo riesgo a alguien de confianza. Si surge un imprevisto, observa cómo te sientes y reflexiona sobre el hecho de que no necesitas intervenir para que todo saliese bien. Y en el caso de que algo salga mal, ¿realmente fue tan malo como imaginabas?

2. **Acepta la posibilidad de lo inesperado.**
«¿Qué pasaría si esto no sale exactamente como lo planeé?». Recuerda que la vida tiene muchas variables fuera de tu alcance y que, en la mayoría de los casos, los imprevistos no tienen consecuencias negativas. Podemos controlar menos de lo que creemos y eso, aunque ahora no lo parezca, es una suerte.

Parte 3.
Saca el foco del control.

1. **Intenta ser más flexible contigo.**
En lugar de gastar energía en controlar todos los detalles, empieza a fijarte en cómo eres tú cuando eres espontánea, qué te gusta de esa faceta tuya y qué te gusta de la gente en la que delegas.
2. **Anota tus experiencias positivas sin control.**
Cada vez que vivas una situación en la que hayas cedido el control y no haya ocurrido nada negativo, anótalo. Esto te ayudará a recordar que no necesitas controlar cada aspecto para estar segura o tranquila.

No necesitas
ser el director de cada nota.

A veces,
la melodía más hermosa
surge cuando dejas
que la música fluya.

DE LOCA
A
LIBRE

Créeme, si quieres construir relaciones sanas, necesitas saber esto.

Todas las relaciones sanas están compuestas de personas heridas. El problema no es la herida, es que tengamos heridas incompatibles o que no nos estemos responsabilizando cada uno de cuidarlas.

Lo cierto es que hoy en día, todos hemos experimentado en algún momento la soledad, el abandono, el rechazo. Y la mayoría estamos hasta la coronilla del típico discurso de: «Si no te quieres, nadie te va a querer».

Pero eso no es verdad, solo es un discurso que genera aún más presión por alcanzar objetivos irreales, como un absoluto amor propio, enfocado muchas veces, justo en alimentar muchos de los mecanismos de defensa que hemos hablado antes.

Incluso teniendo un amor propio de *puturrú de fua;* nadie es inmune a su entorno, porque somos parte de ese entorno. No podemos separar a una persona de su contexto.

Todo esto lo digo porque el amor, se traduce en acciones de cuidado, el verdadero cariño, son acciones que cuidan, no que rompen. Y decirle a una persona «Si no te quieres, nadie te va a querer», ya en primera instancia, no es un mensaje que cuide, ni un mensaje que tenga en cuenta el contexto.

Te conecta con la presión del perfeccionismo entre otros y siendo sinceros, nadie en esta vida tiene un amor propio perfecto, porque todos tenemos momentos de inseguridad, de dudas y de miedo. Eso no nos quita ni el derecho de querer y tener relaciones sanas y tampoco nos hace menos válidas para tenerlas.

El amor no debería ser una recompensa por cumplir un estándar imposible. El amor es cuidado, y ese cuidado no solo viene de ti hacia ti misma, también se construye con los demás. Es un ida y vuelta. Porque al final del día, ¿de qué sirve quererte muchísimo si permites que alguien entre en tu vida y no te cuide?

No te tragues la mentira de que tienes que arreglarlo todo sola antes de conectar con alguien. Más bien, trabaja en reconocer tus límites, en entender tus necesidades y en aprender a identificar quién está dispuesto a cuidarte de verdad, no solo a estar cerca. Porque la compañía que no cuida, pesa más que la soledad.

Y algo en lo que me fijo mucho, es en que solemos considerar a esas mujeres que van sonrientes y seguras por la alfombra roja, como el modelo de aquello que debemos ser a muchos niveles. Y quizás es por mi ojo analítico, pero lo que yo siempre pienso es en el pedazo de trabajo de autocensura y control que están llevando a cabo para enfrentarse a toda esa cantidad de estímulos y parecer tranquilas, contentas, sonreír, mantenerse erguidas, ignorar el dolor de los tacones, el frío, los flashes en la cara, los gritos, andar sin tropezar y además, que no pereza que sienten algo más allá de gratitud por estar ahí.

Una persona puede aguantar ese estado durante un tiempo determinado, no toda la vida. Por lo que eso, nunca será un modelo de nada.

Cuando ves *realities* de *influencers,* lo que te gusta es la naturalidad, las veces que la ves nerviosa, lo que hay detrás de cámara, lo despeinada que se la ve... Eso es lo que te conecta con ella aunque en un principio quisieses ver el programa por cotillear la vida de lujo o la vida a secas que pueda tener.

Justo el otro día veía uno de estos programas y a una de las protagonistas, no paraban de insistirle en que hiciera algo que ella y su cuerpo rechazaban de todas las maneras posibles. Hay cosas que podemos hacer y que debemos hacer, aunque sea con miedo y hay otras cosas que no son necesarias.

Exponerte a hacer algo que no solo te da miedo, sino que no te gusta, es todo lo contrario al autocuidado y por muy bien que lo hagas, la sensación de no querer volver a hacerlo, seguirá, porque no todos estamos destinados o hechos a hacer las mismas cosas.

Sin embargo, esa imagen de semidiosa que la sociedad espera que tengas y más en ese tipo de trabajos, te lleva a sobrepasar tus propias líneas rojas o incluso a traicionarte a ti misma por el qué dirán los demás. Porque parece que tienes que ser perfecta en todo o al menos en todo lo que se vea de ti. Y esto está tan tan lejos de ser feliz y tan cerca de crear una herida, que lo que yo siempre les indico a mis hartitas o a las personas que vienen a sesión, es que todo lo que se exijan, se lo exijan primero a su niña interior. Que se imaginen exigiéndoselo a quien más quieran, a alguien que les parezca vulnerable y se encuentre a su cargo. ¿Se lo pedirías igualmente a pesar de ver cómo se encuentra?

Podemos hacerlo condicionadas o podemos hacerlo por nosotras.

La diferencia, es que cuando hacemos algo que no queremos, que además nos da miedo, pero lo hacemos condicionadas, lo que te suele convencer son factores externos como: reconocimiento, complacer, dinero, imagen externa.

Cuando lo haces con miedo, pero lo haces por ti, lo haces para no vivir condicionada y poder decidir libremente si eso es algo que quieres hacer o no quieres. Que sea una decisión libre.

La respuesta a esta pregunta requiere mucha valentía: ¿Lo haces por ti o por otra cosa? ¿Esa otra cosa, se merece el coste?

Porque cada vez que hacemos algo condicionadas por factores externos, aunque el resultado sea positivo, la sensación interna, no lo será.

Así que, qué clase de relación sana estoy creando conmigo misma y que clase de relación tengo con quien me fuerza a hacer cosas que no quiero hacer por alcanzar objetivos que quizás no sean a los que quiero aspirar.

Para qué haces lo que haces.

No mereces menos que una relación sana

Aunque no traicionar a los que queremos debería ser asignatura de primero de infantil, cada día son más las personas que acuden a sesión o a Hartita por problemas de infidelidad, de traición y abandono.

El aumento de estos problemas son el reflejo de una sociedad donde los vínculos se perciben de una forma que antes no era tan común: hablamos de **relaciones líquidas**.

Las relaciones líquidas, como diría el sociólogo Zygmunt Bauman, son vínculos que fluyen sin llegar a solidificarse. En una sociedad que valora la inmediatez y el consumo rápido, nos hemos acostumbrado a aplicar una lógica consumista a las relaciones personales. Si una relación ya no cubre nuestras necesidades de inmediato, se tiende a descartarla en busca de otra. Así, en lugar de darnos tiempo para entender y cuidar el vínculo, optamos por la búsqueda de *algo mejor* en cuanto sentimos insatisfacción.

Las relaciones líquidas son ni más ni menos, que un producto de lo que *el progreso,* en algunos ámbitos relacionados con el consumo, ha hecho de nosotras. Si te das cuenta, las personas cada vez adoptamos más esa actitud *consumista* hacia las conexiones personales: Si una relación deja de satisfacer tus necesidades de inmediato, se descarta fácilmente en busca de otra.

Esta lógica que nos convierte en sustituibles, como piezas en un puesto de trabajo. Igual que en la empresa se dice que todos somos reemplazables, en los vínculos parece que alguien puede ocupar nuestro lugar de «mejor amiga» o «pareja» sin problema. Es como si las relaciones se hubieran convertido en puestos que alguien ocupa temporalmente y que otro puede ocupar sin afectar a su estructura.

Pero esto para nada es cierto. Los vínculos no funcionan como puestos de trabajo. Aunque alguien tome un lugar similar en nuestra vida, nunca desempeñará exactamente el mismo papel. Cada relación es única, no reciclable ni transferible. Si alguien deja de estar, deja un espacio específico que, aunque pueda llenarse de otra manera, no será el mismo lugar.

Aquí entra en juego un fenómeno que vivimos actualmente: la aparente contradicción entre priorizarnos y ver a las personas solo como «productos» que pueden ser descartados si no cumplen nuestras expectativas.

Recuerdo el otro día que una persona me dijo por IG: «Le he mandado a cagar a la vía porque no traía los deberes hechos».

Se refería a que el chico acababa de salir de una relación y ella consideraba que no estaba listo para construir otra.

La cuestión no solo es el motivo por el que descartas a alguien, sino la forma en la que lo descartas. Y esta, en concreto, es tremendamente dañina, porque estamos hablando de aquello que le hace vulnerable a alguien. El dolor nos hace vulnerable, y si queremos conectar con alguien de verdad, tenemos que aprender a ver su vulnerabilidad sin atacarla porque no es la misma que la mía.

Si tú consideras que no estáis en el mismo camino, está genial seguir el tuyo propio, de hecho, es estupendo que no ignores esa señal (acaba de salir de una relación). Pero no hay nada más atractivo, que aquellas personas que saben comunicar sus límites y sus estándares, sin perder la empatía. Porque eso, nos da coherencia y nos permite mantenernos dentro de los valores que esperamos que el otro comparta con nosotras.

La tendencia moderna de poner nuestras necesidades por encima de cualquier cosa ha derivado, en muchos casos, en evitar el compromiso o el esfuerzo para sostener relaciones. Esto no lo digo por el ejemplo que os he puesto antes, sino porque como os decía en una parte del libro, semilla a semilla, se va creando un distanciamiento emocional con el resto, precisamente, para que no nos hagan daño.

Pero priorizarse no debería significar descartar a los demás a la primera señal de insatisfacción, o ser cruel con aquel que no cumple nuestras expectativas.

Es cierto que un vínculo no tiene por qué durar toda la vida, durará lo que lo cuides y lo que te cuide, durará si no hay abuso, manipulación y si no se sobrepasan líneas rojas, durará si no influyen otros factores del entorno que pueden derivar en esa ruptura y que no son tan controlables ni relacionados con el cuidado.

Hago esta aclaración, porque no quiero que pienses, que al hablar de alejarnos ante la más mínima muestra de incomodidad, lo estoy relacionando con un mal trato o con una incompatibilidad en cuanto a valores. Ahí sí, por favor, aléjate.

A lo que voy. Si estás en la selva de las citas, lo sabrás, es que cada vez se valora más el cambio rápido y la excitación de lo nuevo por encima de la estabilidad emocional. Esto es especialmente claro en aquellas relaciones donde una persona se ha esforzado intensamente en construir estabilidad y ha invertido emocionalmente, solo para descubrir que el vínculo se ha roto de manera traumática. Al sufrir estas rupturas, se refuerza la idea de que todo es temporal, y que la solución está en encontrar una nueva conexión, manteniéndonos en un ciclo de consumo emocional constante.

Este patrón se vuelve problemático cuando lo aplicamos al desarrollo de las relaciones: queremos que el otro cambie, que mejore sus conductas de inmediato, cuando en nosotros mismos sabemos que estos cambios requieren tiempo y esfuerzo. La paciencia y la perseverancia se ven desplazadas por la búsqueda de satisfacción rápida. Esto lleva a una paradoja: queremos relaciones profundas y significativas, pero las construimos con actitudes superficiales y expectativas fugaces.

Para quienes han sido heridos emocionalmente por traiciones o abandonos, esta tendencia hacia las relaciones líquidas puede llevar a evitar la cercanía, creando barreras para no revivir ese dolor. Construyen muros para protegerse, pero a menudo terminan atrapados en una burbuja donde el miedo y la desconfianza les impiden vivir la relación que desean.

Creo que, sobre todo, la capacidad para ver a los demás, verlos de verdad, es algo que existe, que aún está en nosotros, pero que está oculto bajo la necesidad de «priorizarnos a nosotras mismas» entendida desde el concepto de que los demás solo son un producto que puede ser descartado si no cumple con lo esperado. En lugar de reconocer que las relaciones se construyen desde la aceptación y la paciencia, tendemos a evaluar si una persona *satisface* nuestras expectativas de inmediato. Esta idea de las relaciones como *productos* es una característica de las relaciones líquidas, donde los vínculos se perciben como algo reemplazable y sin consistencia.

Esto puede resultarnos contradictorio, porque criticarlo parece que te lleva directamente al otro polo de aceptar todo y quedarte a costa de tu bienestar. Pero no. A lo que me refiero es que, a veces, si no experimentamos esos picos emocionales, esas mariposas en el estómago todo el tiempo, ese tira y afloja que tanta vidilla nos da, descartamos. No nos quedamos. Y aquí, tenemos un problema, porque la sensación de seguridad que buscamos las personas que no queremos relaciones líquidas, esas mariposas, esa *vidilla,* no se siente a medida que vamos conociendo a la persona. Lo cual, es bastante bueno.

La ilusión de intensidad y las relaciones estables

Desde una perspectiva psicológica, este fenómeno se explica como una ilusión de intensidad, donde los vínculos se sienten *vivos* y emocionantes, precisamente por su inestabilidad o ambigüedad. En una relación estable, la seguridad no produce estos altos y bajos emocionales. Sin embargo, esta seguridad, aunque pueda parecer monótona en comparación, es lo que permite que el vínculo crezca y se vuelva profundo.

Las relaciones estables generan una conexión segura, donde las personas se sienten vistas y valoradas por quienes son realmente, porque se da el tiempo y el contexto para que eso ocurra.

ESTÁNDARES

Reflexionar sobre nuestros estándares, nos ayuda a distinguir entre lo que necesitamos en una relación, nuestros básicos y aquello que realmente parece que es, pero no se traduce en lo que realmente esperamos que sea.

A veces, el problema radica en que confundimos ambas cosas, dejándonos llevar por ideales que no siempre reflejan lo que realmente nos hace bien.

Por ejemplo, muchas personas en sesión me han dicho que uno de sus estándares era que su pareja fuese socialista. Les pregunté por qué. Y la respuesta que solían darme era una definición de características que habían asociado a ser socialista: «Feminista, que no fuese racista, que fuese de clase trabajadora, comprometido con la sociedad en la que vive, que no fuese esnob».

Después te pones a analizar si realmente esa persona se adapta a esos conceptos y te das cuenta de que no. Que tiene comentarios e ideas supermachistas, que se cree superior a personas con menos recursos, que pertenece a una clase media alta...

Pero es socialista porque lo ha dicho, así que encaja dentro de mis estándares. Porque la mente se va a que, en un principio, ya había hecho *check* en ese estándar en concreto y claro, si es socialista y, para mí, serlo implica todo esto, entonces quizás se ha equivocado, se le ha ido la boca, justifico el quedarme en este espacio.

Lo importante de los estándares es ver que, si yo necesito a una persona que sea, por ejemplo, «dominante», preguntarme por qué. ¿Qué es lo que me hace sentir estar con alguien así y qué engloba para mí el ser dominante y que no?

Porque, a lo mejor, lo que busco es una persona con iniciativa en hacer cosas que estén alineadas con mi estilo de vida para no ser yo quien tira del carro porque ya he pasado por eso y me ha desgastado un montón, así que sé que eso no es lo que quiero.

Puede que necesite a alguien que sepa comunicar claramente sus límites y tenga una comunicación congruente y honesta porque eso me da seguridad a la hora de relacionarme con él, ya que busco estar con alguien que me guste por todas sus cualidades y que estas sean estables y congruentes en el tiempo porque vengo de una relación superintermitente.

Como ves, los estándares están relacionados con nuestros límites y esos límites con experiencias pasadas.

Pero, sobre todo, están enfocados en cuidar esas heridas que, inevitablemente, necesitaremos tener en cuenta y seguir cuidando, dentro de nuestros vínculos.

AGRADECIMIENTOS

Este libro se lo voy a dedicar a mis Hartitas.

A las que ya habéis volado, a las que permanecéis y a las que estáis por llegar: gracias de corazón.

Hartita no solo fue creado como un proyecto profesional; para mí, es el reflejo de lo que alguna vez quise encontrar y no tuve.

Así que cuando me dieron la oportunidad de escribir un libro, lo primero que pensé fue en todas las veces que me habéis dicho: «Cris, siento que me estoy volviendo loca, quizás estoy loca».

Y ya sabéis cómo me pongo con esa palabra, así que, en este libro, vamos a destruir el poder del impacto que tiene esa palabra para que nunca más me digáis: «Cris, estoy loca».

No, nenis, no estáis locas, os defendéis porque estáis heridas.

Espero que este libro os haga sentir un poco menos Hartitas y un poco más libres.

Os quiero.

DESPEDIDA

BECK, A. T. (1976). *Cognitive Therapy and the Emotional Disorders*. International Universities Press.

BOWLBY, J. (1988). *A Secure Base: Parent-Child Attachment and Healthy Human Development*. Basic Books.

BROWN, B. (2010). *The Gifts of Imperfection: Let Go of Who You Think You're Supposed to Be and Embrace Who You Are*. Hazelden Publishing.

CASIELLES, L. (2010). *Idiomas comunes*. Hiperión.

HERMAN, J. L. (1992). *Trauma and Recovery: The Aftermath of Violence–From Domestic Abuse to Political Terror*. Basic Books.

LINEHAN, M. M. (2015). *DBT Skills Training Manual* (2nd ed.). Guilford Press.

LÓPEZ, J., y SANCHO, J. (2017). *Inteligencia emocional y educación emocional*. Editorial Síntesis.

NEFF, K. (2011). *Self-Compassion: The Proven Power of Being Kind to Yourself*. HarperCollins.

PEREL, E. (2017). *The State of Affairs: Rethinking Infidelity*. Harper.

VAN DER KOLK, B. A. (2014). *The Body Keeps the Score: Brain, Mind, and Body in the Healing of Trauma*. Viking.

YOUNG, J. E., KLOSKO, J. S. y WEISHAAR, M. E. (2003). *Schema Therapy: A Practitioner's Guide*. Guilford Press.

No sé muy bien cómo despedirme, lo cierto es que las despedidas nunca fueron lo mío.

Creo que ha sido un libro bastante intensito y, sobre todo, lo que espero es que logres ser feliz, ser tú misma y sentirte satisfecha con quien eres. Deseo que no te sientas sola y haberte ayudado a construir esa redecilla de seguridad que tanta falta hace a veces.

Y tengo mucha curiosidad por saber si has podido cumplir la promesa que hicimos al principio.

Un abrazo enorme, Cris.

BIBLIOGRAFÍA